BETTINA UGOLINI
WEGWEISER ALTER
KURZ & BÜNDIG

Limmat Verlag
Zürich

Aus der Sendung «Ratgeber» von DRS 1

*Im Interne*t
› Informationen zu Autorinnen und Autoren
› Hinweise auf Veranstaltungen
› Links zu Rezensionen, Podcasts und Fernsehbeiträgen
› Schreiben Sie uns Ihre Meinung zu einem Buch
› Abonnieren Sie unsere Newsletter zu Veranstaltungen
und Neuerscheinungen
www.limmatverlag

Das *wandelbare Verlagsjahreslogo* des Limmat Verlags auf
Seite 1 zeigt Felsritzungen («Petroglyphen»: in Stein gearbeitete
bildliche und grafische Darstellungen aus prähistorischer Zeit)
aus dem Val Camonica, Provinz Brescia, Lombardei. Es sind
gegen 300 000 Bildzeichen auf festem Fels, verstreut im Tal.
Bekannt sind sie erst seit 1909. Sie bilden ein Archiv europäischer
Geschichte, das die Zeit vom Ende der Würmeiszeit bis zur
Römischen Kaiserzeit abdeckt.

Umschlaggestaltung von Trix Krebs
Typographie und Satz von Clerici Partner, Zürich

© 2011 by Limmat Verlag, Zürich
ISBN 978-3-85791-633-5

für Christian

Inhalt

9 Einleitung

Besonderheiten und Mythen des Alters
12 Das liebe Geld – Altersgeiz
16 Erfolgreich altern
20 Sich helfen lassen
24 Das ewige Jammern
28 Ungeduld der Alten
32 Hilfsmittel annehmen
35 Körperhygiene
39 Sicherheit im Alter
43 Ruhestand/Pensionierung
48 Einsamkeit im Alter

Familienbeziehungen im Alter
54 Beziehungen von alten Eltern und erwachsenen Kindern
58 Bevormundung alter Eltern
62 Geschwisterbeziehungen im Alter
67 Geschwisterrivalität in der Betreuung alter Eltern
72 Die Söhne alter Eltern
76 Schuldgefühle
80 Gewalt – wenn Pflege überfordert
85 Familiengeheimnisse
89 Versprochen ist versprochen
93 Versöhnung

97	**Autonomieverlust und das Pflegeheim**
98	Entscheidungskriterien für einen Pflegeheimplatz
102	Eintritt ins Pflegeheim
106	Die Wohnungsauflösung
110	Besuch im Pflegeheim
114	Selbstbestimmung im Pflegeheim
118	Zusammenarbeit im Pflegeheim
122	Gespräch über Tod und Sterben
126	Im Sterben begleiten und letzte Wünsche erfüllen

131	**Demenz – eine Herausforderung**
132	Eine Herausforderung für uns alle
137	Dementen Menschen begegnen
141	Mit Demenzkranken sprechen
145	Demenz in der Partnerschaft
149	Demenz und Sexualität
153	Perspektiven bei Demenz

| 157 | Anlaufstellen |
| 160 | Die Autorin |

Einleitung

Dieser «Wegweiser Alter» richtet sich an alle, die selbst mit Fragen und Schwierigkeiten des Alterns konfrontiert sind, und an diejenigen, die in ihrem privaten oder beruflichen Umfeld mit alten Menschen zu tun haben.

Wenn einem ein Problem auf den Nägeln brennt, will und kann man oft nicht lange und ausführliche Abhandlungen zu einem Thema lesen und verarbeiten. Basierend auf der monatlichen Ratgeber-Sendung auf DRS 1 ist darum dieses Buch entstanden. «Wegweiser Alter» ist also gedacht als ein Kurzratgeber, der Mut machen soll, auch schwierige und unbehagliche Themen anzugehen. Meine zuversichtliche Grundhaltung – «Es gibt immer einen Weg!» – zieht sich durch dieses Buch und versucht, wo immer möglich, beide Generationen im Blick zu behalten, die Alten und die erwachsenen Kinder.

Mein beruflicher Alltag hat mich gelehrt, dass Altern mit vielen Herausforderungen, Problemen und Schwierigkeiten verbunden sein kann. Aber er zeigt mir auch täglich, dass es möglich ist, diesen zu begegnen und sie zu bewältigen – jeder Mensch muss darin seinen ganz eigenen Weg finden und diesen dann auch gehen.

Die Zusammenstellung der Themen erhebt keinen Anspruch auf Vollständigkeit. Trotzdem werden in den vier Kapiteln die wichtigsten Aspekte rund um das Thema Alter und Altern angesprochen. So geht es im ersten Kapitel um die Besonderheiten und Mythen des Alters. Daran schliessen sich die Veränderungen und Herausforderungen in den familiären Beziehungen an. Der dritte Themenblock behandelt den Autonomieverlust und den möglichen Eintritt in eine Pflegeinstitution, der für viele Menschen immer später, also mit zunehmendem Alter, erfolgt. Abschliessend wird dem Krankheitsbild Demenz noch ein Kapitel gewidmet, wobei hier weniger die Krankheit selbst als der Umgang mit dem Erkrankten und die Herausforderungen, die damit zusammenhängen, thematisiert werden.

Innerhalb jedes Kapitels werden einzelne Themen aufgegriffen. Wie in der Radiosendung sollen anhand konkreter Fragestellungen aus der Praxis Verständnis des Sachverhalts geweckt und mögliche Denkrichtungen zur Erleichterung einer anspruchsvollen Situation aufgezeigt werden. Am Schluss der Ausführungen wird das Wichtigste in jeweils drei Merksätzen kurz und bündig zusammengefasst. Es versteht sich von selbst, dass zu jedem Thema viel mehr zu sagen wäre – aber das Ziel des Buches ist es, erste Hilfestellungen und Denkanstösse zu geben. Die Erfahrung zeigt, dass häufig ein Anstoss bereits ausreichend sein kann, um ein individuelles Problem anzugehen oder gar zu lösen. Jeder kann dann immer noch selbst entscheiden, sich weiter in ein Thema zu vertiefen.

Man muss die einzelnen Kapitel und Themen auch in keiner bestimmten Reihenfolge lesen, sondern sollte da beginnen, wo einen selbst gerade der Schuh drückt oder die Neugier am grössten ist.

Alle, die mit ihren Fragen und Problemen meine Beratung in Anspruch nehmen, haben zu dieser Themensammlung, der Entstehung der einzelnen Sendungen und dieses Wegweisers beigetragen. Ihnen gilt mein herzlichster Dank.

Bettina Ugolini, im April 2011

Besonderheiten und Mythen des Alters

In unseren Köpfen gibt es Bilder davon, wie alte Menschen sind oder sich verhalten. Diese entstehen durch und sind geprägt von gesellschaftlichen und kulturellen Vorstellungen. Aber auch unsere ganz persönlichen Erfahrungen mit alten Menschen in unserer Biografie haben Einfluss auf unser Denken über das Alter. Einige stimmen, andere stimmen eher weniger und lassen sich wohl eher als Mythen bezeichnen. Aber unhabhängig davon, wie sehr diese Bilder der Realität entsprechen, schwingen sie in unseren Begegnungen, Werturteilen und unserem Verhalten alten Menschen gegenüber mit. Es kann dazu führen, dass wir jemandem gewisse Eigenschaften einfach aufgrund seines Alters zuschreiben oder umgekehrt einer alten Person bestimmte Fähigkeiten eben nicht mehr zutrauen. Darum ist es wichtig für uns selbst, aber auch für die Alten, diese Bilder von Zeit zu Zeit einmal genauer unter die Lupe zu nehmen. Wir müssen immer wieder einmal prüfen, inwiefern sie eigentlich der Wirklichkeit entsprechen und wo wir sie auch revidieren müssen, um nicht von Vorurteilen geleitet zu werden. Sicher aber gibt es auch alte Menschen, die gewisse Besonderheiten in ihrem Verhalten zeigen. Deshalb ist es ebenso wichtig zu wissen, wie man mit diesen Besonderheiten möglicherweise umgehen kann.

Das liebe Geld – Altersgeiz

«Meine Eltern haben wirklich genügend Geld. Sie haben immer sparsam gelebt, und so ist doch einiges zusammengekommen. Geizig sind sie eigentlich nie gewesen. Aber jetzt, seit mein Vater im Krankenhaus liegt, wird jeder Zehner mehrfach umgedreht. Vor kurzem hatte meine Mutter sogar eine Eiweissvergiftung, weil sie ein Stück Fleisch, das wohl nicht mehr ganz frisch war, nicht wegwerfen oder der Katze verfüttern wollte.» Solche oder ähnliche Geschichten um das liebe Geld kann man von erwachsenen Kindern hören.

Gibt es den Altersgeiz wirklich? Ist das ein typisches Phänomen des Alters?

Es gibt ganz sicher alte Menschen, die geizig sind. Aber dennoch ist der generelle Altersgeiz eher ein Mythos. Es ist hier wichtig, immer wieder daran zu denken, dass das Alter die Lebensphase ist, in der wir Menschen uns am meisten voneinander unterscheiden – das heisst in letzter Konsequenz auch, dass es *den* alten Menschen mit Geiz, Sturheit oder anderen Vorurteilen nicht gibt. All diese Eigenschaften können, müssen aber nicht bei jedem alten Menschen vorhanden sein.

Was können denn dann die Hintergründe für ein solches Verhalten sein?

Es sind viele verschiedene Gründe denkbar dafür, dass jemand auch im Alter sein Geld zusammenhält. Einige alte Eltern sehen es als elterliche Pflicht, den Kindern nach ihrem Tod etwas zu hinterlassen. Andere wiederum haben ihr Leben lang hart für das Ersparte gearbeitet und so gelernt, sparsam zu sein. Sparsamkeit wurde dabei möglicherweise als wichtiger Wert verinnerlicht und kann nicht so einfach, nur weil man jetzt alt ist, verändert werden. Ein weiterer wichtiger Grund kann auch die Angst vor Abhängigkeit sein. Altwerden und Pflegebedürftigkeit können teuer werden. Da taucht schnell die Frage auf, ob das Geld reicht und wer die Kosten übernimmt, wenn das Ersparte aufgebraucht ist. Alte Menschen möchten niemandem zur Last fallen – und schon gar nicht finanziell. Finanzielle Abhängigkeit passt nicht in das Rollenverständnis der alten Menschen. Es reicht, wenn man damit leben muss, körperlich von anderen abhängig zu sein. Aber zusätzlich finanzielle Hilfe annehmen zu müssen, das möchte keiner gerne.

Wie sollte man sich denn in einer solchen Situation verhalten?
Es gibt kein Verhaltensrezept, das immer und überall die richtige Reaktion angeben kann. Vor jeder Reaktion sollte aber an erster Stelle die Akzeptanz des alten Menschen und seines Umgangs mit dem Geld stehen.

Dann sollte man darauf achten, dass man die alten Eltern nicht mit gutgemeinten Ratschlägen belehrt, so nach dem Motto «Gönn dir doch auch mal was». Sich etwas gönnen will gelernt sein, und das geht nicht per Knopfdruck.

Dann kommt es darauf an, wie ausgeprägt sich die Situation darstellt. Wenn die Eltern sich einfach nur wenig gönnen, gilt es dies zu respektieren. Wenn es aber sogar zu Vergiftungen kommen könnte, weil Lebensmittel nicht weggeworfen werden, sollte man vorsichtig das Gespräch suchen. Die Aufgabe besteht darin, herauszufinden, was wirklich der Grund für dieses Verhalten ist. Vielleicht ist es eine der Ängste, die bereits angesprochen wurden, oder aber es liegt ein krankhaftes organisches Geschehen vor, so dass schliesslich eine Form der Vergesslichkeit zu dem Verhalten führt. Dazu ist dann aber eine medizinische Abklärung notwendig.

Wie könnte so ein Gespräch lauten?
Bevor man sich in ein Gespräch begibt, ist es wichtig, daran zu denken, dass Geld ein wichtiges Symbol für Autonomie, für Kompetenz und Einfluss ist und wir uns alle dort nicht gerne reinreden lassen.

Es liesse sich dann beispielsweise beginnen mit: «Mir fällt auf, dass du sehr sparsam mit dem Geld umgehst, obwohl ihr doch gut abgesichert seid. Kannst du mir sagen, was der Grund dafür ist? Machst du dir vielleicht

Sorgen, dass es irgendwann nicht mehr reichen könnte?» Nun muss man abwarten, was als Grund benannt wird. Hilfreich kann auch sein, seine eigene Sorge dann zum Ausdruck zu bringen, wenn es so weit geht, dass verdorbene Lebensmittel nicht entsorgt werden. Sollten Ängste um die eigene Existenz in der Zukunft zur Sprache kommen, sollte man versuchen, diese Ängste ernstzunehmen, indem man ganz konkret über die tatsächliche Situation und Lösungsmöglichkeiten spricht.

kurz & bündig

Altersgeiz als generelles Phänomen ist eher ein Mythos als eine Realität.

Wenn die Kräfte schwinden und alte Menschen abhängig werden, ist die finanzielle Unabhängigkeit oft ein letzter Garant für das Gefühl, doch noch souverän zu sein. Deswegen sind Menschen im Alter zuweilen sehr sparsam oder wirken sogar geizig.

Man sollte ihren Umgang mit diesem wichtigen Symbol respektieren und daran denken, dass es viele Gründe für das Verhalten geben kann! Das eigene Geld ist Dreh- und Angelpunkt der Autonomie.

Erfolgreich altern

Die Lebenserwartung des Menschen ist enorm gestiegen, und es gehört zu unseren innersten Wünschen, möglichst gut, zufrieden und erfolgreich zu altern. Aber wie wird man zufrieden alt? Wie bleibt man zufrieden, wenn Dinge, die einem wichtig waren, plötzlich nicht mehr gehen? Wenn man nicht mehr die Kraft hat, den Haushalt so zu machen, wie man ihn immer gemacht hat, oder wenn man merkt, dass die Bergtour, die man im Herbst jeweils gemacht hat, die Kräfte übersteigt. Das SOK-Modell des Altersforschers Paul Baltes und seiner Frau kann uns da vielleicht helfen, wieder Mut zu schöpfen, dass es dennoch möglich ist, zufrieden zu altern.

Wovon ist Wohlbefinden oder erfolgreiches Altern abhängig?
Im Grundsatz ist so etwas wie erfolgreiches oder zufriedenes Altern sehr individuell. Eine allgemeine Definition besagt, dass dies eher besser gelingt, wenn Gewinne vermehrt und Verluste vermindert werden können. Der Weg dahin führt darüber, sich Ziele zu setzen und diese dann auch zu verfolgen.

Was kann uns helfen, möglichst gut und zufrieden zu altern?
Das erwähnte Modell von Baltes beschreibt, wie Menschen mit ihren weniger werdenden Ressourcen oder Möglichkeiten selbstwirksam und zufrieden leben können. Ein selbstwirksames und zufriedenes Leben erreicht man demnach, wenn man die drei Strategien Selektion, Optimierung und Kompensation einsetzt. Diese Strategien helfen, die eigenen Möglichkeiten aktiv auszuschöpfen.

Was bedeutet Selektion?
Selektion (S) heisst eigentlich nichts anderes, als Ziele zu setzen und diese zu spezifizieren. Auch Prioritäten setzen und die Anpassung der Ziele an die externen Gegebenheiten gehört dazu, und schliesslich muss man sich dem Ziel gegenüber auch verpflichten. Oder ganz einfach gesagt: Man muss sich sehr genau überlegen, was man wirklich will. Was genau ist mir in meiner aktuellen Situation wirklich wichtig?

Und was bedeutet dann Optimierung?
Zur Optimierung (O) gehört als Erstes, die Aufmerksamkeit auf das Ziel zu fokussieren. Dann sollte man den

richtigen Moment für die Zielverfolgung wählen, und je nachdem sollte man dafür oder dabei Fähigkeiten neu erwerben oder bereits vorhandene Fähigkeiten üben. Und schliesslich muss man, um ein Ziel zu erreichen, Zeit und Anstrengung investieren. Einfach ausgedrückt, gilt es alles zu mobilisieren, was für das Erreichen des Zieles nützlich und erfolgversprechend ist.

Und wenn ich das Ziel trotzdem nicht erreiche? Kommt dann die Kompensation?
Wenn ich das gewählte Ziel nicht erreiche, gibt es zwei Möglichkeiten: Entweder wähle ich ein anderes Ziel, passe also meine Zielwahl neu an. Aber es besteht in vielen Fällen auch die Möglichkeit der Kompensation (K). Diese kann sehr unterschiedlich aussehen. Es kann sein, dass es hilft, andere Fähigkeiten zu erlernen oder ungenützte Fähigkeiten zu aktivieren. Auch mehr Anstrengung und mehr Energie zu aktivieren, können eine Form der Kompensation sein. Aber auch externe Unterstützung und Hilfe annehmen oder andere um Rat fragen ist eine wichtige Massnahme, um gesetzte Ziele zu erreichen.

SOK ist also keine Hexerei. Die meisten Menschen zwischen vierzig und hundert wenden SOK intuitiv an, ohne das berühmte Modell von Baltes zu kennen. Es ist ein lebensfreundliches Modell, das man getrost dem «gesunden Menschenverstand» zuordnen kann. «Weniger ist mehr» ist ein erster Schritt in Richtung SOK.

kurz & bündig

Es geht auch im Alter darum, sich Ziele zu setzen, nicht im Sinne von Leistung, sondern gut auswählen, was man selbst möchte, um zufrieden altern zu können.

Dann muss auch etwas für die Zielerreichung getan werden, und zwar ganz gezielt üben und Fähigkeiten trainieren.

Und schliesslich kann man Unterstützung von aussen annehmen, um Ziele zu erreichen. Man muss nicht immer alles selber tun.

Sich helfen lassen

Wer kennt nicht Aussagen wie die folgenden. Da sagt eine alte Frau: «Man muss sich so etwas einmal vorstellen: Da verlangen die doch von mir, dass ich regelmässig eine wildfremde Person in meine eigenen vier Wände lasse, die mich in diesem und jenem unterstützt. Also, das kommt überhaupt nicht in Frage. Ich will keine Fremden in meiner Wohnung haben – unter keinen Umständen! Irgendwie schaffe ich das schon allein.»

Tolle Vorstellung, dass man in den Kissen liegen kann und jemand einem hilft. Warum ist es einfacher gesagt als getan, gerade für alte Menschen?
Die meisten Menschen haben Ansprüche an sich selbst, die sie auch selbst erfüllen möchten. Viele beschleicht das Gefühl von Scham, wenn sie Hilfe annehmen müssen. Auch das Pflichtgefühl, alles alleine machen zu müssen, ist ein Grund, warum Hilfe annehmen leichter gesagt als getan ist. So wird eingekaufte Hilfe möglicherweise als eigenes Versagen empfunden.

Manchmal liegt es aber auch daran, dass eigene Grenzen nicht erkannt werden. Dass man gar nicht spürt oder auch nicht spüren will, dass die eigenen Grenzen bereits erreicht sind. Oder es ist eine unausgesprochene, aber allen bekannte Familienregel, die besagt, wir schaffen das – egal, was es ist – alleine. Und diese wird dann bis in die letzte Konsequenz verfolgt.

Externe Hilfe kann aber auch wegen der aufkommenden Kosten verweigert werden. Das noch vorhandene Erbe soll nicht angetastet werden. Und schliesslich ist mit dem Annehmen von Hilfe auch das Gefühl von Kontroll- und Autonomieverlust verbunden, wenn man plötzlich für Dinge, die man bis dahin alleine bewältigen oder erledigen konnte, Hilfe benötigt.

Warum ist Autonomie denn so wichtig?
Das Warum lässt sich nicht einfach beantworten. Sicher ist aber, dass Autonomie einen wichtigen Wert in unserer Gesellschaft und Kultur darstellt. Es geht bei uns mehr als etwa in östlichen Kulturen um das Individuum und nicht um die Gruppe. Damit das Individuum in diesem Leben bestehen und sich selbst verwirklichen kann, muss es eben möglichst selbständig und autonom sein.

Deshalb werden wir von Kindesbeinen an auch immer gelobt, wenn wir etwas ohne die Hilfe einer anderen Person erledigt haben. Und im Alter, also nach achtzig Jahren, soll das plötzlich anders sein – das fällt schwer!

Gibt es Zeichen, an denen man als alter Mensch erkennen kann, dass man Hilfe braucht?

Es kann dadurch sichtbar werden, dass man keine Zeit mehr für sich selbst oder die angenehmen Dinge des Lebens hat. Auch Kraftlosigkeit bis hin zur totalen Erschöpfung können Signale dafür sein, dass es an der Zeit wäre, Hilfe anzunehmen. Ein weiteres Zeichen ist der Rückzug von anderen Menschen, also kein Interesse mehr an sozialen Kontakten zu haben oder keine Zeit mehr, um sich mit Bekannten zu treffen. Auch körperliche Beschwerden wie Schlafstörungen oder Appetitlosigkeit sind Warnsignale. Dazu gehören auch das Gefühl von Stress oder Reizbarkeit. In seltenen Fällen kommt es sogar zu verbaler Gewalt innerhalb von Familienkonflikten. Man wird vielleicht schneller als gewohnt aggressiv.

Wie kann ein alter Mensch reagieren, wenn die Jungen sagen: «Du brauchst Hilfe»?

Zunächst sollte der alte Mensch zu sehen versuchen, dass ein solcher Rat in der Regel gutgemeint ist. Es fällt den Jungen oftmals schwer zu sehen, wie alte Eltern sich abmühen. Sie würden ihnen ein «einfacheres» Leben wünschen. So sollte man in Ruhe die Argumente und Beobachtungen der Jungen anhören und ehrlich prüfen. Vielleicht einfach mal gedanklich ausprobieren, wie sich die Vorstellung von Hilfe anfühlt. Schliesslich muss man aber gemäss der eigenen Einschätzung entscheiden, ob externe Hilfe wirklich nötig ist, und diese Entscheidung dann auch gegenüber den Jungen vertreten.

Kann man Hilfe annehmen lernen?
Da ja grundsätzlich nahezu alles lernbar ist, gilt dies auch dafür, Hilfe anzunehmen. Meist wartet man aber so lange, bis das Leben einen dazu zwingt. So zum Beispiel durch Krankheit oder Alter. Wenn man etwas lernen will, gilt der Grundssatz: Je öfter ich es versuche und positive Erlebnisse zulasse, desto leichter fällt es mir. Dann sollte man seine Gedankenmuster zu ändern versuchen: Hilfe annehmen ist keine Schande! Und schliesslich bedeutet einmal Hilfe ja nicht immer Hilfe, das heisst, man kann es ja auch einfach mal ausprobieren und wieder bleiben lassen, wenn man sich damit nicht wohl fühlt.

kurz & bündig

Hilfe lässt sich nicht verordnen: Es gibt viele Gründe, warum es schwerfällt, Hilfe anzunehmen – diese muss man respektieren.

Jeder sollte sensibel sein für die eigenen Grenzen der Belastbarkeit und diese unbedingt ernst nehmen.

Man kann üben, Hilfe anzunehmen, denn Hilfe annehmen heisst nichts anderes, als sich selbst zu helfen, damit Platz ist für die schönen Dinge des Lebens.

Das ewige Jammern

«Ich will ja nicht jammern!» Ein Satz, der schnell und gern gesagt ist. Zumeist in einer Situation, die man nicht ändern kann, die einem aussichtslos erscheint. Es ist ein Satz, den man auch vielfach von alten Menschen hört, weil Altsein oft nicht einfach ist. Was aber, wenn jemand konstant jammert und am Schluss von allem sagt: «Ich will ja nicht jammern.» Nicht selten beginnt man dann selbst über das ewige Gejammer zu jammern. Aber es gibt, wie bei fast allem, einen Ausweg aus dem Jammertal.

Was könnte hinter einem solchen Verhalten stecken?
Erst einmal muss man sagen, dass wir alle immer wieder gern jammern. Darüber, wie teuer alles geworden ist, wie schlimm die wirtschaftliche Situation ist, wie hoch die Kriminalitätsrate steigt, über das schlechte Wetter …

Manchmal ist es tatsächlich ganz entlastend, sich einmal so richtig über alles Mögliche auslassen zu können und sich Luft zu machen. Was kann aber dahinterstecken, wenn es häufiger passiert? Man muss unterscheiden, ob jemand über alles Mögliche negativ redet oder seine konkrete Situation im Blickpunkt steht. Die Unzufriedenheit mit dem eigenen Leben oder Einsamkeit und damit verbunden der Wunsch nach Zuwendung, der indirekt ausgedrückt wird, kann der Grund für unaufhörliches Jammern sein. Auch Resignation – «Ich kann ja doch nichts mehr daran ändern.» – führt häufig dazu, dass jemand zwar klagt, aber dennoch in einer Situation verharrt.

Wie sollte man sich in dieser Situation verhalten, wie reagieren?
Hier sind verschiedene Stufen der Reaktion möglich. Zuerst geht es darum, zuzuhören und den anderen in jedem Fall ernst zu nehmen. Auf keinen Fall sollte man versuchen, dem Betroffenen sein Elend auszureden und schöne Dinge aufzeigen. Dieses verstärkt das Gefühl, nicht verstanden zu werden. Geeigneter ist das Nachfragen, was helfen könnte.

Und wenn das Gegenüber trotzdem immer wieder den gleichen Satz sagt: «Ich will ja nicht jammern»?
Dann käme die nächste Stufe. Wenn der andere in dem Jammern verharrt, sollte das Verhalten sehr respektvoll

angesprochen werden. Vielleicht mit den Worten: «Mir fällt auf, dass ...», «Merkst du auch, dass ...»

Man kann darauf hinweisen, was dieses Jammern mit einem selbst macht: dass man weniger gern zu Besuch kommt etwa, dass man sich unter Druck fühlt.

Und schliesslich kann man darauf hinweisen, was das Jammern mit dem anderen möglicherweise macht: Jammern lähmt und lässt nichts Positives mehr zu. Die Spirale geht immer weiter abwärts, wenn man sie nicht stoppt und den Blick auch mal auf das lenkt, was trotz allem noch positiv ist.

Habe ich andere Möglichkeiten, um einem Menschen in dieser Situation zu helfen?

Man darf hier nicht vergessen, dass möglicherweise auch eine versteckte Depression vorliegt, und so kann ein Gespräch mit dem Hausarzt sinnvoll und hilfreich sein. Aber wenn ein Hilfsangebot immer wieder abgelehnt wird und auch die Klärung nicht weiterführt, muss man den alten Menschen wohl einfach so lassen und schauen, ob es etwas gibt, was einem selbst weiterhilft. So kann man die Besuche vorher klar strukturieren, etwas planen und unternehmen – statt zu reden und dann ins Jammern zu verfallen. Es besteht die Möglichkeit, den Kontakt zu reduzieren, wobei ganz wichtig ist, dass es für einen selbst stimmen muss. Wenn man durch das Jammern nicht innerlich unter Druck gerät, etwas für den anderen tun zu müssen, ist auch kein Rückzug nötig!

kurz & bündig

Wir jammern alle ganz gern, es kann entlasten, aber es kann auch lähmen, deshalb genauer hinschauen.

Wichtig ist es, den anderen erst einmal ernst zu nehmen und zu schauen, was hinter dem Jammern steckt.

Wenn Hilfe und Gespräche darüber immer wieder abgelehnt werden, muss man darauf achten, auch für sich selbst zu sorgen, und möglicherweise Konsequenzen ziehen.

Ungeduld der Alten

Im Alter wird man gelassener, könnte man denken. Man hat mehr Zeit, weil man nicht mehr arbeiten muss, und lässt sich nicht mehr so schnell aus der Ruhe bringen. Das stimmt sicher für viele ältere Menschen. Aber es gibt auch die anderen. Vielleicht haben Sie auch schon für Ihren Vater etwas erledigen müssen, und er hat nicht einmal, sondern immer wieder nachgefragt: «Hast du es jetzt gemacht, wann machst du es denn?» Alles soll sofort erledigt werden, und wenn das nicht geschieht, führt das mit dem ständigen Nachfragen und Kontrollieren sogar zu Spannungen. Als ob man nichts anderes zu tun hätte. Der Umgang mit ungeduldigen Menschen kann einen auch an eigene Grenzen bringen.

Warum reagieren alte Menschen zum Teil so ungeduldig?
Die Lebenswelt des alten Menschen wird kleiner, und der Radius nimmt ab. Damit treten bestimmte für sie wichtige Dinge mehr in den Mittelpunkt, sie werden wichtiger und bedeutsamer, als sie für die Jungen sind. Auch Angst, mit den begrenzten Ressourcen Problemen nicht mehr so kraftvoll begegnen zu können, kann hinter der Ungeduld stecken.

Herausforderungen oder Erledigungen werden damit bedrohlicher, diese Bedrohung verunsichert, und der alte Mensch will sie so schnell wie möglich aus der Welt geschafft haben.

Wie ist denn das Phänomen zu erklären, dass, auch wenn man zum Beispiel als Tochter oder Sohn seinen Eltern versichert, das Problem zu erledigen, sie trotzdem immer wieder nachfragen, ob man es gemacht hat?
Nun, zunächst einmal fragen sie wahrscheinlich, weil sie das Problem erledigt haben wollen. Aber das ist sicher nicht der einzige Grund. Die Verantwortung für die Problemlösung abzugeben, ist ein schwieriger Schritt für alte Menschen. Immerhin waren sie diejenigen, die immer Verantwortung für die Kinder getragen haben. Das lässt sich nicht per Knopfdruck verändern – Buchhalter bleibt meist Buchhalter, Lehrer bleibt Lehrer, oft auch nach der Pensionierung, und Eltern bleiben Eltern. Und wenn dann etwas nicht mehr selbst erledigt werden kann, fühlt die Person sich dennoch verantwortlich und kann doch zumindest nach dem Motto «Vertrauen ist gut, Kontrolle ist besser» kontrollieren, ob der Auftrag erledigt wurde.

Wie soll man sich denn verhalten, wenn immer wieder solche Nachfragen kommen?

Vertrauen ist auch eine Erfahrung des Erlebens. Der alte Mensch – und nicht nur der, sondern wir alle – muss erlebt haben, dass eine Person wirklich verlässlich ist. Das heisst, der junge Mensch muss seine Verlässlichkeit unter Beweis stellen. Das geht, indem man sich minutiös an Abmachungen und Versprechen hält. Bis morgen heisst dann auch bis morgen. Es ist von Vorteil, möglichst konkrete Angaben zu machen. Dann hilft es aber auch, Verständnis zu zeigen für die Ungeduld. Das Problem ist für den Betroffenen gross, und die Zeit ist de facto begrenzt, auch das spielt mit. Man kann nicht Geduld erwarten und selbst ungeduldig auf das Nachfragen reagieren.

Wie soll man reagieren, wenn man das Problem gelöst hat, aber auf eine andere Art, als es gewünscht war? Also zum Beispiel einen Gärtner bestellt hat, der den Rasen mäht, aber der hat halt nur an einem anderen Tag Zeit?

Eigentlich darf das nicht passieren! Es kommt aber darauf an, um welches Problem es sich handelt. Wenn man merkt, dass die besprochene Problemlösung so nicht funktioniert, muss man sich rückversichern, ob die Alternative für den Betroffenen akzeptabel ist. Das hat mit Respekt und Wertschätzung des alten Menschen und seiner Autonomie und Selbstbestimmung zu tun! Ihn vor vollendete Tatsachen zu stellen ist nicht richtig – man verhindert damit auch einen Prozess des Verstehens und Entscheidens und schwächt seine Kompetenz. Wenn es aber gar nicht anders ging, muss man dieses erklären und sich entschuldigen – und auf Verständnis hoffen! Aber auch «sauer sein» akzeptieren und Zeit zum Verstehen lassen.

Wie ist es, wenn man die Ungeduld oder das fehlende Vertrauen an sich selbst feststellt? Kann man auch selbst mehr Gelassenheit finden?

Patentrezepte gibt es auch hier keine, aber einige kurze Hinweise vielleicht. Der erste Schritt ist immer die Akzeptanz dessen, dass man ungeduldig ist. Dann kann man prüfen, ob die Ungeduld hilft, das Ziel zu erreichen. Falls möglich, hilft es, aus der Situation herauszutreten. Auch das Überprüfen, wie wichtig das ungelöste Problem wirklich ist, führt zu mehr Ruhe. Ein weiterer Schritt ist, danach zu suchen, wie die Lösung des Problems erleichtert werden kann. Und manchmal geht es in der Tat darum zu entscheiden, Dinge loszulassen und aus der Hand zu geben.

kurz & bündig

Ungeduld der alten Menschen hat verschiedene Ursachen – es gilt diese zu respektieren und Verständnis dafür zu zeigen.

Bei übernommenen Aufgaben sollte man möglichst konkrete Abmachungen treffen und sich daran auch halten.

Ungeduld macht unser aller Leben noch schwerer. Solange man nicht in Lebensgefahr gerät, kann man lernen, grosszügiger zu sein, und damit seinen Geduldsfaden stärken!

Hilfsmittel annehmen

Selbst ist der Mann oder die Frau! Bis ins hohe Alter. Jeder Mensch hat den Anspruch an sich selbst, so lange wie möglich fit und gesund zu sein. Auf Hilfsmittel will man gern und möglichst lange verzichten. Das Hörgerät steckt in der Hosentasche, und der Stock bleibt im Schirmständer. Dabei hört der alte Vater schlecht. Und die alte Mutter ist sturzgefährdet. Warum ist es so schwierig, einfache Hilfsmittel zu akzeptieren? Gibt es einen Weg, alte Menschen zu überzeugen, sich dieser Hilfsmittel zu bedienen?

Warum wehren sich so viele Menschen gegen die Nutzung von Hilfsmitteln? Was macht es so schwer?
Da gibt es sicher sehr viel verschiedene Gründe, die man im Einzelnen einmal ansehen sollte. Wir alle haben Ansprüche an uns selbst, wollen möglichst lang fit und gesund sein. Es entstehen Schamgefühle, wenn das Angewiesensein auf Hilfe mit dem Hörgerät oder dem Gehstock offensichtlich wird. Es wird als eine Kränkung erlebt, wenn einem der Körper plötzlich so selbstverständliche Dienste versagt. Man will es einfach nicht wahrhaben und erkennt so eigene Grenzen nicht.

Was können die Folgen einer solchen Verweigerung sein?
Eine Verweigerung von wirklich notwendigen Hilfsmitteln kann in letzter Konsequenz sogar schwere Folgen haben. Zunächst ist man durchs schlechte Hören zum Beispiel schnell mal ausgeschlossen, es entstehen Missverständnisse, aber es kann bis zur Selbstgefährdung gehen, wenn ich zum Beispiel die Hupe eines Autos nicht mehr höre. Oder das schlechte Laufen erhöht die Sturzgefahr, macht immobiler und erschwert soziale Kontakte. Das kann dann in schweren Fällen zur Isolation führen.

Woran merke ich denn, ob es an der Zeit ist, an ein Hilfsmittel zu denken?
Selbstbeobachtung und Ehrlichkeit sich selbst gegenüber sind wichtige Voraussetzungen, um den Zeitpunkt für Hilfsmittel herauszufinden. Dazu gehört, eigene Grenzen zu erkennen und diese annehmen zu können. Aber auch die Hinweise anderer Menschen sollte man ernst nehmen – sich nicht beleidigt abwenden, sondern die Unterstützung dahinter sehen. Und dann gehört

ganz sicher dazu, sich von Fachpersonen beraten zu lassen – eine gute Selbsteinschätzung, ergänzt durch eine professionelle Fremdeinschätzung, führt ganz bestimmt auf einen guten Weg.

Wie kann man jemanden davon überzeugen, dass das Hörgerät oder der Stock angezeigt wäre?
Es braucht natürlich eine Einsicht in den Nutzen – Gehhilfen oder Hörgeräte lassen sich nicht aufzwingen. Es ist oft ein Prozess, bis alte Menschen sich die Notwendigkeit eingestehen können. Das Mittel der Wahl ist zunächst immer das Gespräch. Aber wir wissen ja jetzt bereits, dass es vielzählige Gründe gibt, dass jemand Hilfe verweigert. Es braucht ein sensibles Vorgehen. Man kann immer wieder mal nachfragen und auch signalisieren, dass man den Widerstand versteht.

kurz & bündig

Es gibt viele Gründe, warum jemand Hilfsmittel verweigert – diese müssen mit Respekt behandelt werden. Vorsichtig ansprechen und klären!

Alte Menschen sollten sensibel sein für die eigenen Grenzen, Beratung in Anspruch nehmen, beim Optiker, beim Akustiker, damit Platz ist für die schönen Dinge des Lebens.

Hilfsmittel annehmen und nutzen heisst nichts anderes, als sich selbst das Leben zu erleichtern.

Körperhygiene

«Meine Mutter war immer so gepflegt. Sie hat immer so viel Wert auf ihr Äusseres und ihre Körperhygiene gelegt. Darum kann ich es gar nicht verstehen – aber unter uns gesagt, manchmal riecht sie schon ein wenig. Dann mag ich sie gar nicht so herzlich begrüssen wie früher. Ich halte dann lieber ein bisschen Distanz. Klar habe ich auch schon daran gedacht, es anzusprechen, aber ich glaube, sie wäre total schockiert, und ich möchte sie doch nicht verletzen.» Körpergerüche verändern sich im Laufe des Lebens – ein heikles Thema.

Wie kommt es, dass früher reinliche Menschen zu riechen beginnen?
Unterschiedlichste Faktoren können in solchen Fällen eine Rolle spielen. Das Nachlassen der Sehkraft, eine eingeschränkte Beweglichkeit, Schmerzen im Alltag – all das kann sich natürlich auf die Körperhygiene auswirken. Die morgendliche und abendliche Toilette verlaufen vielleicht beschwerlich und werden zunehmend zeitaufwendig. Es kostet Zeit, Mühe und allenfalls Geld, sich waschen oder pflegen zu lassen. Warum das Ganze, wenn man im Alter ja doch die meiste Zeit sitzt und kaum schwitzt?, mag ein alter Mensch möglicherweise denken.

Zum anderen kann es aber auch sein, dass ein alter Mensch an einer Gedächtnisschwäche leidet und einfach vergisst, dass er sich noch nicht gewaschen und gepflegt hat. Und schliesslich verändern sich die Körpergerüche bei uns Menschen über die Jahre hinweg.

Warum riechen alte Menschen denn manchmal anders als junge?
Viele Veränderungen im Alter können den Körpergeruch beeinflussen.

Eine Rolle spielt die Ernährung. Was wir essen, wirkt sich auf unsere Ausdünstungen aus. Diesen Zusammenhang kennt jeder von so dominanten Lebensmitteln wie Knoblauch. Im Alter verändert sich die Ernährung manchmal durch äussere Umstände, zum Beispiel durch den Umzug in ein Seniorenwohnheim. Wenn der Speiseplan dort anders zusammengesetzt ist, etwa mehr Eiweiss und weniger Kohlenhydrate enthält, verändert sich die Ausdünstung über die Haut.

Manchmal ist ein veränderter Körpergeruch bei älteren Menschen auch durch eine Störung des Stoffwechsels bedingt. Lässt die Funktion der Ausscheidungsorgane Leber und Niere nach, bleiben vermehrt Schlackenstoffe im Körper zurück. Ist zum Beispiel die Nierenfunktion gestört, riecht die Haut manchmal nach Urin. Allerdings ist das erst dann der Fall, wenn auch andere Krankheitszeichen auftreten.

Ein dritter Faktor, der den Körpergeruch beeinflusst, ist die Besiedelung der Haut mit Bakterien. Der Schweiss selbst riecht nicht, wird er aber von Bakterien zersetzt, entsteht der typische unangenehme Geruch, der sich je nach Hautbesiedlung verändert. Bei älteren Menschen geht die Produktion der Talg- und Schweissdrüsen insgesamt zurück. Die Haut wird trockener. Damit verschiebt sich auch das Spektrum der Hautkeime.

Ist denn die Körperhygiene im Alter weniger wichtig?
Ganz im Gegenteil. Körperhygiene ist auch im Alter sehr wichtig. Zum einen ist sie aus medizinischen Gründen von grosser Bedeutung, denn sie kann die Gesundheit fördern und erhalten. Eine gute Hygiene beugt Infektionen vor. Haut, Zähne und Füsse sind die drei Bereiche, wo mit relativ geringem, aber regelmässigem Aufwand viel erreicht werden kann.

Dann wird das äussere Erscheinungsbild mehr durch Hygiene als durch Accessoires bestimmt. Dieses ist wichtig für das Selbstbild, aber auch für die sozialen Kontakte mit anderen Menschen.

Angenommen, wir sind in der Situation, dass wir als erwachsenes Kind feststellen, dass Mutter oder Vater riecht? Was können bzw. was dürfen wir tun?
Zunächst sollte man die Situation genau beobachten und nicht vorschnell und übereifrig reagieren. Ist es im-

mer so oder nur manchmal, wenn ja, dann wann? Gibt es also mögliche andere Ursachen, als dass Mutter oder Vater sich nicht wäscht? Kommt man aber zu dem Schluss, dass es tatsächlich die mangelnde Körperhygiene ist, sollte man es vorsichtig anzusprechen versuchen. Es geht dabei darum, herauszufinden, warum sich jemand nicht mehr so gut wäscht und pflegt. Findet er oder sie es nicht so wichtig, und riecht er/sie selbst nicht mehr, wie er/sie riecht? Besteht möglicherweise Angst vor dem Hinfallen beim Baden oder Duschen? Oder hindern körperliche Schmerzen an der Körperpflege?

Dann sollte man auf das jeweilige Problem reagieren und nach Lösungen suchen, einen Duschstuhl besorgen, Halterungen anbringen, anwesend sein, wenn jemand allein duscht, Unterstützung anbieten oder Hilfsdienste organisieren. In jedem Fall aber sollte unbedingt die, auch in medizinischer Hinsicht, grosse Bedeutung einer guten Köperhygiene deutlich gemacht werden.

kurz & bündig

Es gibt verschiedene Ursachen für Körpergerüche, man sollte nicht vorschnell urteilen, sondern gut beobachten.

Die Beobachtungen sollten vorsichtig angesprochen werden. Daran denken, dass das etwas sehr Intimes und Verletzendes sein kann.

Den alten Menschen ermutigen, Hilfe in Anspruch zu nehmen, und auf die Bedeutung der Hygiene hinweisen.

Sicherheit im Alter

Oft kann man feststellen, dass alte Menschen, die ihr Leben lang selbstsicher und entschieden gelebt haben, unsicher werden oder unsicher wirken. Sie zögern plötzlich oder haben sogar Angst, gewisse Dinge anzugehen oder zu erledigen. Diffuse oder auch ganz reale Ängste lösen diese Verunsicherungen aus. Und dann benötigen sie plötzlich Sicherheit von aussen, um ihr Leben bewältigen zu können.

Was bedeutet psychische Sicherheit für den Menschen?
Das Bedürfnis nach Sicherheit gehört zu den angeborenen Grundbedürfnissen des Menschen. Bereits zu Beginn des Lebens bringt ein Säugling sein Bedürfnis nach Sicherheit deutlich durch sein Schreien zum Ausdruck. Je nach Lebensphase wird das Bedürfnis nach Sicherheit später nicht mehr durch Weinen, sondern in unterschiedlichster Form zum Ausdruck gebracht und auch auf verschiedene Arten befriedigt oder gestillt.

Wie viel Sicherheit braucht der Mensch?
Das Bedürfnis nach Sicherheit variiert je nach Mensch, je nach Zeit und je nach Situationen, dass heisst, Menschen unterscheiden sich in dem Ausmass ihres Bedürfnisses nach Sicherheit voneinander, und ein Mensch kann in verschiedenen Situationen auch mehr oder weniger Sicherheit benötigen. Hier spielen kulturelle Normen und individuelle Vorstellungen, prägende Erlebnisse und die subjektive Wahrnehmung von Bedrohungen eine grosse Rolle. Es ist eher unwahrscheinlich, dass es so etwas wie einen individuell stabilen «Sollwert» für Sicherheit gibt.

Warum fühlen sich denn alte Menschen plötzlich unsicher?
Grundsätzlich steht das Bedürfnis nach Sicherheit kaum in einem direkten Zusammenhang mit dem Alter an sich, sondern es wird beeinflusst durch die Veränderung der Lebensumstände, die sich im höheren Alter ergeben.

Ein erhöhtes Sicherheitsbedürfnis im Alter – oder genauer: eine grössere Differenz zwischen Sicherheitsanspruch und wahrgenommener Sicherheit – ist durch eine Zunahme der Verletzbarkeit zu erklären. Objektiv vermindern sich im Verlauf des Alterungsprozesses früher oder später die körperlichen Ressourcen, und es kommt zu einem Anstieg an Beschwerden. Auf subjektiver Ebene steigt damit verbunden oftmals die Wahrnehmung von Bedrohung im Alter.

Das tönt etwas theoretisch. Wie sieht das praktisch aus?
Bekanntlich ist die Furcht vor Kriminalität bei alten Menschen höher als bei den Jungen, obwohl die Wahrscheinlichkeit, dass sie Opfer eines Verbrechens werden, statistisch bedeutend geringer ist. Da sie sich aber weniger in der Lage sehen, einem möglichen Angriff etwas entgegenzusetzen, gewinnt die Sicherheitsthematik im Alter an Bedeutung.

Hinzu kommt, dass das Alter eine Lebensphase ist, in der sich kritische Lebensereignisse häufen, die zu einer Überforderung führen können. Das gelebte Leben und der darin gelernte Umgang mit schwierigen und anspruchsvollen Situationen haben ebenfalls einen Einfluss auf das Bedürfnis nach Sicherheit. Ein Mensch, der die Erfahrung gemacht hat, dass er Lösungen für Probleme finden oder unveränderbare Zustände aushalten kann, wird auch im Alter die ihm eigenen Bewältigungsstrategien sinnvoll zum Einsatz bringen und benötigt subjektiv weniger externe Sicherheit als jemand, dem diese Fähigkeiten in geringerem Ausmass zur Verfügung stehen.

Wenn jemand alt ist und Hilfe braucht, bedeutet das, dass er seine Autonomie aufgibt zu Gunsten der Sicherheit, die ihm andere bieten?
Die Stabilisierung von Sicherheit ist eines der Ziele der Betreuung – ob zu Hause oder in einer Institution. Das darf aber auf keinen Fall dazu führen, dass sich die betreuenden Personen nun vollumfänglich für die Sicherheit in den verschiedenen Dimensionen verantwortlich

fühlen oder diese gar vollständig zu gewährleisten versuchen und dabei die Freiheit und Selbstbestimmung des alten Menschen in unnötigem Mass einschränken.

Es geht um die Nutzung und Stärkung der vorhandenen Ressourcen. Die Maxime sollte sein, den Handlungsspielraum des alten Menschen wo immer möglich uneingeschränkt zu lassen oder wieder zu erweitern. Indessen hilft ein Grundgefühl von Sicherheit, auch neue Handlungsspielräume zu eröffnen. Die betreuenden Personen stehen vor der Aufgabe, dem Betroffenen glaubwürdig zu vermitteln, dass sie sich grundsätzlich sicher fühlen kann, um dann mit ihr zusammen nach Handlungsspielräumen zu suchen, in denen sie sich selbst als kompetent und wirksam erleben kann. Es geht darum, die richtige Balance zwischen Sicherheit und Autonomie zu finden – so weit wie möglich in Absprache mit und gemäss dem Willen der betroffenen Person.

kurz & bündig

Das Bedürfnis nach Sicherheit ist ein universelles, angeborenes Grundbedürfnis, das aber im Laufe der Entwicklung eines Menschen individuellen und kulturellen Einflüssen unterliegt.

Ein Mehr an Sicherheitsvorkehrungen führt beim Einzelnen nicht automatisch zu einem erhöhten Gefühl von Sicherheit, sondern im Gegenteil, das Gefühl wahrgenommener Bedrohung kann steigen.

Es müssen klare Vereinbarungen mit der betagten Person über das gewünschte Mass an Sicherheit getroffen werden, und sie ist darin die bestimmende Person.

Ruhestand/Pensionierung

Lange, lange weiss man es, und dann ist es irgendwie eben doch plötzlich so weit. Das Ende des Berufslebens steht vor der Tür. Kommt jetzt die grosse Freiheit oder doch das dunkle Loch? Warum ist es für manchen gar nicht so einfach, wie zuvor gedacht? Kann man diesen Lebensabschnitt vorbereiten und selbst etwas zum guten Gelingen beitragen?

Übergänge in eine neue Lebensphase sind nicht immer ganz einfach. Schauen wir es einmal von der positiven Seite an: Was bringen sie uns?

Wir Menschen benötigen Übergänge, um daran zu wachsen und zu reifen. Übergänge sollten als Herausforderung gesehen werden: Sie fordern uns auf, zu sehen, woher wir kommen und wohin wir gehen wollen. Lebensübergänge bergen die Chance, dem eigenen Leben eine neue Ausrichtung zu geben, dass heisst: Sie sind Wegweiser, wie aus dem Gegenwärtigen wieder neue Lebenskraft, mehr Lebensfreude und Lebenswissen entstehen kann.

Zumeist müssen Muster und gewohnte Verhaltensweisen aufgegeben werden, um einer Veränderung überhaupt Platz zu machen. Das Loslassen ist ein schmerzhafter Prozess und nicht selten mit Angst verbunden. Nur, mit verkrampftem Festhalten an Bestehendem verpasst man manchmal neue Möglichkeiten. Es ist doch eine äusserst mühsame Art zu leben, wenn man festhalten will, was sich nicht festhalten lässt.

Und was ist Ende des Arbeitslebens für ein Übergang?

In der Tat ist die Pensionierung ein bedeutsamer Schritt. Dieser wird aber sehr unterschiedlich erlebt und beschrieben. Man gehört plötzlich einer umschriebenen Personengruppe, den «Pensionierten» oder «Rentnern», an, ob man will oder nicht und ganz unabhängig davon, wie man sich dabei fühlt. Es wird deutlich: *Ich werde alt!*

So wird das Ausscheiden aus dem Berufsleben von vielen als grosse Herausforderung erlebt. Es erfordert eine aktive Umstellung des gewohnten Lebens, und die Umgewöhnung und neue Strukturierung braucht in der Regel rund zwei Jahre.

Aber nicht alle haben eine Krise oder gar einen Pensionierungsschock. Sicher ist das Arbeitsende für viele dennoch auch mit Gefühlen wie Erleichterung und wohlverdientem Ruhestand verbunden. Endlich kann man neue Dinge in Angriff nehmen, hat die ersehnte Zeit, sich Hobbys vermehrt zu widmen, und erlebt damit auch die Möglichkeit, neue Seiten an sich selber zu entdecken. Eine spannende neue Lebensphase beginnt.

Auch wenn die Pensionierung viele gute Seiten hat, fällt sie manchem schwer. Warum?
Diese Veränderung ist ein Bruch im Lebenslauf und geht mit einer tiefgreifenden Umstellung einher. Es kommt zum Verlust einer bestimmten sozialen Rolle, und die Betroffenen sind gezwungen, sich neu zu positionieren. Für manche fallen auch Macht und Einfluss weg. Und der positive Zugewinn an Zeit kann auf der anderen Seite auch beunruhigen. Die langen Tage ohne konkrete Verpflichtungen zu gestalten, fällt vor allen denjenigen sehr schwer, die ihr Leben lang im Beruf aufgegangen sind und daneben keine weiteren Interessen entwickelt haben. Auch eine Veränderung im sozialen Umfeld ist mit der neuen Lebensphase unweigerlich verbunden. Die spontanen Begegnungen mit anderen Menschen in der Kantine oder am Kopierer fallen weg. Der einzelne muss sich nun aktiv um Kontakt bemühen. Für die Ehe bedeutet die Zeit der Pensionierung ebenfalls einen Einschnitt. Der Beruf als jahrelange Quelle von Anerkennung und Selbstbestätigung entfällt – es ist ein abrupter Abfall von Leistungsanforderung. Nicht zu unterschätzen sind auch die Veränderungen in den finanziellen Bereichen. All diese Anpassungen erfordern Kraft, Zeit und in vielen Fällen auch eine gute Portion Geduld.

Wie sehr dieser Einschnitt als Krise erlebt wird, ist von verschiedenen Faktoren, nicht zuletzt aber auch davon abhängig, ob der Zeitpunkt der Pensionierung frei gewählt oder ob dieser vom Arbeitgeber festgelegt wurde.

Kann man sich oder sollte man sich auf die Pensionierung vorbereiten?
Eine Vorbereitung auf eine Situation, die einen beunruhigt, ist auf jeden Fall von Vorteil. Es gibt manchmal Kurse vom Arbeitgeber, die sollte man nutzen. Man kann aber auch selbst aktiv werden und so einen Kurs ausserhalb des Arbeitsplatzes besuchen. Dabei werden dann alle auftauchenden Fragen erörtert.

Wenn man das lieber nicht möchte, kann man sich zur Vorbereitung vielleicht selbst ein paar Fragen im stillen Kämmerlein beantworten, zum Beispiel: Welche Neigungen und Talente habe ich? Welche gilt es zu entwickeln? Gibt es Träume zu verwirklichen? Wo sehe ich Gewinne in der Pensionierung? Interessieren mich neue Aktivitäten? Wie stelle ich mir einen normalen Alltag vor? Was wird sich an meiner Beziehung verändern? Was gibt mir beziehungsweise meinem Leben in Zukunft Sinn? Eine aktive und konstruktive Auseinandersetzung mit diesen Fragen hilft neue, andere Wege zu erschliessen.

Noch ein Blick in die Zukunft: In fünfzehn, zwanzig Jahren werden wir ein Volk von Rentnern sein. Wird das einen Einfluss auf das Erleben dieses Übergangs haben?
Die Bewertung und das Erleben eines Übergangs ist grundsätzlich etwas sehr Individuelles. So gehe ich davon aus, dass die Anzahl der Personen, die diesen Über-

gang erleben, ihn für den Einzelnen nicht grundsätzlich leichter macht. Und zum anderen stellt sich doch eher die Frage, ob es diesen Übergang der Pensionierung im klassischen Sinne zu einer festgelegten Zeit überhaupt noch geben wird. Oder ob er nicht durch flexiblere Arbeitszeitmodelle abgelöst wird.

kurz & bündig

Übergänge gehören zu jedem Leben und lassen uns reifen – sie sind eine Chance.

Die Pensionierung ist eine Veränderung, die Anpassung in den verschiedensten Bereichen verlangt – das braucht Zeit.

Je bewusster man selbst diesen Übergang vorbereitet und gestaltet, desto leichter sollte es fallen, damit umzugehen und die neue Herausforderung positiv anzunehmen.

Einsamkeit im Alter

Einsam sein schmerzt, gerade in der Zeit der grossen Familienfeste fällt manchem Mensch die Decke auf den Kopf. Vor allem alte Menschen leiden in diesen Tagen unter Einsamkeit. Mancher hat sich vielleicht schon gesagt: «Nie wieder. Ich muss etwas unternehmen.» In der Tat kann man etwas dagegen tun. Und der beste Zeitpunkt, damit zu beginnen, ist jetzt.

Was meinen wir eigentlich, wenn wir von Einsamkeit sprechen?
Es gilt erst einmal zwischen Einsamkeit und Isolation zu unterscheiden. Denn das ist nicht dasselbe. Einsamkeit ist die subjektive, ganz persönliche Beurteilung der eigenen sozialen Situation. Einsam ist also der, der sagt, er sei einsam. Isolation hingegen ist die tatsächliche, objektiv erfassbare Einschätzung der Sozialkontakte einer Person. Also die messbaren Begegnungen mit anderen Menschen, die über eine kurze Begrüssung hinausgehen.

Gibt es Faktoren, die Einsamkeit im Alter begünstigen?
Zum Altwerden gehört eine Veränderung beziehungsweise eine Reduktion des sozialen Netzes. Der Freundeskreis wird kleiner, vielleicht ist man auch bereits verwitwet. Die Familienbeziehungen sind lockerer geworden. Die Kinder sind vielleicht weiter weggezogen, so dass regelmässige persönliche Kontakte erschwert sind. Aber auch die Wohnsituation kann Einsamkeit begünstigen, so zum Beispiel, wenn man auch im Alter noch im Einfamilienhaus in eher ländlicher Gegend wohnt.

Wer klagt über Einsamkeit?
Es sind die Frauen, die häufiger über Einsamkeitsgefühle klagen als Männer. Menschen über 75 klagen mehr als jüngere. Auch ein schlechter Gesundheitszustand kann zu mehr Einsamkeitsgefühlen führen. Eine wichtige Rolle spielt auch die eigene Aktivität, denn je inaktiver jemand ist, desto grösser sind in der Regel die Einsamkeitsgefühle. Aber auch ein geringeres Selbstvertrauen ist nicht selten mit Einsamkeit gekoppelt, denn diese Menschen sind auch vorsichtiger beim Knüpfen von sozialen Beziehungen.

Wie wirkt sich Einsamkeit aus?
Einsamkeit ist einerseits die Folgeerscheinung eines Mankos, sie kann bei negativem Erleben aber auch zur Ursache oder Verstärkung dieses Mangels werden. Besondere Auswirkungen von Einsamkeit sind Unruhe und Stress. Auch gesundheitliche Störungen wie Bluthochdruck, Kopfschmerzen, Erschöpfung, Herzprobleme bis hin zu Depressionen können Folgen von erlebter Einsamkeit sein. Menschen, die unter massiven Einsamkeitsgefühlen leiden, sind stärker suizidgefährdet. Auch eine Verschlechterung der individuellen Situation ist möglich, bei Erwerbslosen, die sich einsam fühlen und sich immer mehr zurückziehen. Die Chance, eine Stelle zu finden, wird so zusehends geringer. Und schliesslich erleben Menschen, die sich einsam fühlen, nicht selten einen Vertrauensverlust in andere Menschen und immer wieder Misserfolge.

Und was kann ich tun, um Einsamkeit vorzubeugen?
Da gibt es viele, viele Möglichkeiten. Kreativ und aktiv sein. Viel unternehmen. Es gilt als wissenschaftlich belegt, dass aktive Menschen im Alter weniger einsam und mobiler sind als Menschen, die sich schon früh in die eigenen vier Wände zurückziehen. Sich stetig einen Freundeskreis aufbauen, auch mit Jüngeren, ist ganz wichtig. Den Geist rege halten und sich neue Herausforderungen suchen. Rechtzeitig lernen, flexibel zu bleiben! Wer in der Lage ist, sich gut auf neue Situationen einzustellen, wird Schicksalsschläge leichter bewältigen können. Weitere Tipps wären Kontaktanzeigen, Sprachreisen oder eine Reise unternehmen, auf der man nette Leute kennenlernen kann. Einen Tanzkurs besuchen hält körperlich aktiv und ermöglicht dass Knüpfen neuer Kontakte.

Auch Vorträge besuchen oder sich in irgendeiner Form engagieren kann Einsamkeit verhindern.

Was kann ich tun, wenn ich jemanden kenne, der einsam ist?
Der ist einsam, der von sich sagt, er sei einsam! Das heisst, erst einmal muss man nachfragen, ob der persönliche Eindruck überhaupt mit dem Erleben des Betroffenen übereinstimmt. Wenn die Person sich nicht einsam fühlt, gilt es dieses zu akzeptieren. Wenn sie aber wirklich einsam ist, sollte man keine guten Ratschläge erteilen, sondern fragen, was helfen könnte. Was kann ich in dieser Situation für dich tun? Das fördert die Aktivierung eigener Ressourcen. Gemeinsam kann man dann nach Lösungen und Möglichkeiten suchen. Man darf auch Vorschläge machen, aber Achtung: Keine Hilfe anbieten, die man nicht leisten kann.

kurz & bündig

Einsamkeit ist das individuelle Erleben eines Menschen – er entscheidet, ob er einsam ist, und nicht ich!

Wir können Einsamkeit in unserem Leben vorbeugen und auch in aktueller Situation daraus herausfinden – dazu muss man aber aktiv werden!

Und schliesslich können wir anderen Menschen Unterstützung anbieten, sie aber nicht von ihrer Einsamkeit befreien – das müssen sie selbst tun!

Familienbeziehungen im Alter

Mit steigender Lebenserwartung verändert sich auch die Zeit des Miteinanders verschiedener Generationen. Es ist neu in der Geschichte der Menschheit, dass die Eltern-Kind-Beziehung so lange dauert wie heute. Wir leben in einer Zeit ohne Vorbilder für diese neue Situation. Damit sind nicht selten neue Konflikte vorprogrammiert, zum Beispiel wenn man in Erwartung eines ruhigen Rentnerlebens plötzlich mit den hoch betagten, oft gebrechlichen Eltern konfrontiert ist. Die hohe Lebenserwartung erzeugt eine Beziehungskonstellation, die oft zu einem grossen Leidensdruck für beide Generationen führt. Die Jungen sind nicht selten überfördert mit Betreuungsfragen der alten Eltern. Pflichtgefühle, Schuldgefühle und Erwartungen drängen zur Hilfeleistung, obwohl man eigentlich bereits an der Grenze seiner Möglichkeiten angelangt ist. Auf der andren Seite fühlen sich die Alten von ihren erwachsenen Kindern bevormundet, weil über ihre Köpfe hinweg nicht nur geredet, sondern manchmal sogar entschieden wird. Verschiedene Aspekte der herausfordernden Familienbeziehungen im Alter werden wichtig und sollen hier beleuchtet werden.

Beziehungen von alten Eltern und erwachsenen Kindern

Die Eltern-Kind-Beziehung unterliegt im erwachsenen Alter noch einmal einer Veränderung, und beide Generationen haben gewisse Vorstellungen davon, wie das Miteinander aussehen sollte. Verschiedenste Themen können zu Spannungen führen, die die Beziehung belasten. Was bedeutet es, wenn man Erwartungen spürt? Wo ist man Kind, wo Erwachsener mit eigenen Vorstellungen vom Leben?

Welches sind Themen für Konflikte im Alltag?
Ganz sicher sind Hilfsbedürftigkeit und Abhängigkeit wichtige Themen, die zu Schwierigkeiten und manchmal auch zu Konflikten führen können. Dieses passiert vor allem dann, wenn die alten Eltern aus Sicht der erwachsenen Kinder eigentlich Hilfe benötigten, diese aber nicht annehmen wollen. Aber auch die tägliche Lebensgestaltung gibt nicht selten Anlass zur Diskussion. Unterschiedliche Erwartungen und Vorstellungen darüber, wie die jeweils andere Generation ihr Leben verbringen sollte, können Spannungen entstehen lassen. Das Autofahren der alten Eltern ist diesbezüglich ein besonders heikles Thema. Aber auch grundsätzliche Wertunterschiede erschweren in manchen Familien das Miteinander.

Was macht das Miteinander der erwachsenen Kinder und ihrer Eltern manchmal so schwierig?
In vielen Eltern-Kind-Beziehungen gibt es unausgesprochene und unbewusste Erwartungen aneinander. Es wird nicht offen darüber geredet, und doch wird bei jeder Begegnung wieder gehofft, sie mögen in Erfüllung gehen. Danach ist man immer wieder enttäuscht, wenn dies nicht geschieht. Solche Erwartungen von den Jungen an die Alten können zum Beispiel sein, dass die Eltern möglichst lange fit und gesund bleiben. Sie sollten möglichst wenige Ansprüche haben und sich vor allem nicht ins Leben der anderen einmischen. Aber alte Eltern sollen immer da sein, wenn man sie braucht. Ob als Ratgeber, als Babysitter oder was auch immer – schliesslich sind sie ja die Eltern.

Umgekehrt gibt es aber auch unausgesprochene Erwartungen der Alten an die Jungen. Alte Menschen möchten gefragt sein trotz oder vielleicht sogar wegen des Alters. Sie wollen ernst genommen werden und Kontakte zu den Jungen haben. Und auch sie wünschen sich, die Jungen mögen doch für sie da sein und sich um sie kümmern, wenn sie Hilfe benötigen.

Beide Erwartungshaltungen sind sehr gut nachvollziehbar und gar nicht unmöglich zu erfüllen. Das *Hauptproblem* besteht darin, dass diese Dinge und das Miteinander nicht offen besprochen werden. Die Erwartungen schwingen immer mit und werden ganz häufig enttäuscht, und das führt in einen Teufelkreis von neuer Hoffnung und immer wiederkehrender Enttäuschung.

Was kann man denn tun, um nicht in diesen Kreislauf zu geraten?
Man sollte sich selbst bewusst machen, was man eigentlich selbst will und welche Erwartungen man an die andere Generation hat. Anschliessend muss man diese Erwartungen sorgfältig prüfen. Lassen sich diese überhaupt erfüllen, oder sind sie unrealistisch? Wenn sie als realistisch eingestuft werden, kann man sie offen als Wünsche formulieren. Allerdings muss man bereit sein, die Meinung der anderen Generation entgegenzunehmen und zu respektieren. Es hilft, sich immer wieder in die Lage des anderen zu versetzen und so zu versuchen, seine Erwartungen und auch sein Handeln zu verstehen.

Jetzt gibt's vielleicht Situationen, in denen man merkt, dass die Beziehung bereits schwierig geworden ist. Die Fronten sind vielleicht schon ein bisschen verhärtet. Gibt es einen Weg daraus?
In den allermeisten Fällen gibt es einen Weg aus scheinbar aussichtslosen Situationen. Aber es ist sicher nicht immer einfach. Dazu muss man eine Veränderungen

wirklich wollen und dann auch bereit sein, etwas zu investieren. Das heisst, das offene Gespräch zur Klärung suchen, aber in dem Bewusstsein sein, dass es nicht bei einem Gespräch bleiben darf – zur Klärung kann oft der Weg der kleinen Schritte hilfreich sein. Wenn man sich dazu allein nicht in der Lage fühlt, sollte man sich unbedingt Unterstützung holen.

kurz & bündig

Man sollte immer wieder üben, die Situation aus der Perspektive des anderen zu sehen, durch seine Brille schauen. Das allein bringt oft schon Klärung.

Die Gespräche erwachsener Kinder und alter Eltern sollten die wirklich wichtigen Dinge beinhalten.

Die Eltern-Kind-Beziehung ist eine komplexe und manchmal auch wundersame Liebe. Unsicherheiten, Konflikte und Schwierigkeiten gehören dazu. Deshalb ist es normal, richtig und wichtig, sich bei Fragen an Fachleute zu wenden. Das alles für eine gute Beziehung bis zuletzt!

Bevormundung alter Eltern

Es prägt mittlerweile die ganz normalen Alltagsgespräche, dass die Situation erwachsener Kinder und alter Eltern mit neuen Herausforderungen und nicht selten auch mit Belastungen verbunden ist. Häufig sieht es so aus, als litten nur die Jüngeren unter den Älteren und deren Anforderungen. Das ist aber eine sehr einseitige Sichtweise und entspricht für viele alten Menschen nicht der Realität. Es gibt immer wieder auch die umgekehrte Situation, dass alte Eltern unter ihren Kinder und deren Erwartungen und Forderungen leiden. So hört man beispielsweise das Klagen einer Achtzigjährigen, die sich fragt, ob man mit achtzig nicht einfach mal nur fernsehen darf und Kuchen essen, ohne von der Tochter zu Bewegung, zum Kinobesuch oder gar zu Ferien aufgefordert zu werden.

Was ist das Besondere an der Beziehung der erwachsenen Kinder und ihrer alten Eltern?

Ein entscheidender Faktor spielt eine wichtige Rolle: Es ist für Kinder nicht leicht, die mit dem Alter verbundenen Veränderungen bei ihren Eltern so einfach hinzunehmen. Im Gegenteil, man redet in der Fachsprache sogar von einer Krise, die man als erwachsenes Kind noch einmal durchlebt, wenn die Eltern schwächer werden. Plötzlich muss man sich eingestehen, dass die Eltern nicht mehr wie bisher ein sicherer Hafen für einen selbst sind, sondern sie langsam, aber sicher auch Hilfe benötigen. Das rüttelt auf. Ihnen dennoch auf Augenhöhe zu begegnen, ist ein wichtiger Entwicklungsschritt. Die Eltern loslassen, sie als Individuen mit einer eigenen Geschichte und nicht nur als Eltern sehen, führt zu einer filialen Reife, die einen partnerschaftlichen Umgang mit alten Eltern erst möglich macht. Häufig aber passiert stattdessen eine Rollenumkehr. In dem Moment, in dem alte Eltern die eine oder andere Unterstützung benötigen, rutschen die Kinder unbewusst in eine mütterliche Rolle und beginnen manchmal sogar, ihre Eltern erziehen zu wollen oder sie zu bevormunden.

Wie sieht denn eine solche filial-reife Haltung genau aus oder was kennzeichnet sie?

Erwachsene Kinder mit einer filial-reifen Haltung geben den Eltern Zuwendung und Unterstützung *aus einer freiwilligen und autonomen Haltung* heraus. Sie haben *Verständnis für die wesentlichen positiven und negativen Prägungen* durch ihre Elternpersonen. Diese Kinder sind in der Lage, sich in das Schwächerwerden des alternden Menschen einzufühlen und nachzuempfinden, was das für die Betroffenen heisst. Ein weiteres Kennzeichen ist die *emotionale Selbständigkeit* bei gleichzeitiger Sicherheit der Qualität der Beziehung. Auch sich abgrenzen und einmal nein sagen ist ihnen möglich, ohne dass sie gerade um die Beziehung bangen. Und schliesslich können filial-reife erwachsene Kinder *unangemessene Schuldgefühle kontrollieren*, sodass sie nicht in eine Selbstaufopferung geraten.

Wie kann es zu Bevormundungen der Eltern durch Kinder kommen?

Erwachsene Kinder führen sich eben nicht vor Augen, dass sich in der Beziehung zu den Eltern mit zunehmender Abhängigkeit etwas verändert, was man sorgfältig angehen muss. Im Gegenteil, sie kehren ganz einfach die Rollen um. Damit beanspruchen sie für sich auch ein Stück weit, dass sie schon wissen, was für die Mutter oder den Vater gut ist. Ganz so wie es Mütter in der Kindererziehung tun, wenn diese noch klein sind.

Sie erkennen nicht, dass es in erster Linie darum geht, aus einer mehrheitlich nehmenden Position als Tochter nun in eine eher gebende zu wechseln und umgekehrt – aber es bleiben eine Mutter oder ein Vater und ihr erwachsenes Kind.

Gibt es Lösungswege aus der Bevormundung?

Alte Eltern können das Gespräch mit den erwachsenen Kindern suchen und erklären, dass es sie zwar freue, wie sie sich um sie kümmern, dass sie aber gewisse Dinge sehr wohl noch alleine entscheiden und bestimmen können und dies auch wollen. Im Alter benötigt man vielleicht für das eine oder andere Hilfe oder Unterstützung, aber man weiss in der Regel sehr gut selbst, was für einen gut und richtig ist.

Erwachsene Kinder sollten sich bewusstmachen, dass sie mit ihrem Handeln Gefahr laufen, die Beziehung zu ihren Eltern zu belasten und schwieriger zu machen, weil sich diese bevormundet und dann auch nicht mehr für voll genommen fühlen. Auch dann, wenn all ihr Tun positiv motiviert und nur zum Wohle des anderen gedacht ist.

Wenn Kinder Ratschläge erteilen wollen oder gutgemeinte Hilfe leisten wollen, sollten sie sich dafür die Genehmigung bei den Eltern einholen. Die Eltern bestimmen lassen, was für sie hilfreich wäre, und diese Hilfe dann auch leisten, das genau fördert ein Miteinander auf Augenhöhe.

kurz & bündig

Beide Generationen sind aufgerufen, miteinander offen über ihre Erwartungen und den Erwartungsdruck zu reden.

Grenzen einhalten, um sich selbst nicht zu überfordern und den anderen nicht zu überfahren.

Hilfe sollte man nur mit der Erlaubnis des Hilfe Empfangenden geben, und gute Ratschläge sind besser durch Fragen zu ersetzen.

Geschwisterbeziehungen im Alter

Die eigenen Geschwister wählt man sich nicht aus. Geschwisterbeziehungen haben etwas Schicksalhaftes, und sie sind voller Widersprüche, es gibt Liebe und Hass, Solidarität und Rivalität, Loyalität und Verrat, und sie bergen oft ein heisses Eisen, das einem viel Freude, aber je nach dem auch viel Leid bereitet. Wie ähnlich sind sich Geschwister, und welche Bedeutung haben Geschwisterbeziehungen im Leben von uns Menschen eigentlich? Wie kann ich die Geschwisterbeziehungen pflegen? Das sind Fragen, die gerade im Alter wieder dringender werden können.

Was macht die Beziehung unter Geschwistern denn aus?
Die Beziehung unter Geschwistern ist eine ganz besondere Beziehung im Familiensystem. Besonders macht sie die Tatsache, dass es sich um eine unausweichliche, nicht freiwillig gewählte Bindung für das gesamte Leben handelt. Dabei gehören sie in den meisten Fällen zu dem am längsten dauernden intimen Beziehungssystem eines Menschen. So sind diese Beziehungen in gewissem Sinne unkündbar; sie können nicht beendet werden und wirken fort, auch wenn sich die Geschwister getrennt haben.

Es gibt keine Regeln, die auf den Ablauf und die Gestaltung dieser Beziehung Einfluss nehmen. Durch das Aufwachsen im gleichen Nest sind Geschwisterbeziehungen oft charakterisiert durch ein Höchstmass an Intimität. Ganz typisch für diese Beziehungen ist eine tief verwurzelte, oftmals uneingestandene emotionale Ambivalenz – positive und negative Gefühle sind unter Geschwistern nicht selten gleichzeitig vorhanden.

An welche ambivalenten Gefühle muss man da denken?
Die Gefühle in Geschwisterbeziehungen können sehr widersprüchlich sein. Das reicht von Liebe bei gleichzeitigem Hass über Solidarität gemischt mit Neid und Rivalität, von Nähe bis Distanz, von Loyalität bis Verrat, bis zu Harmoniebedürfnis bei gleichzeitiger Streitlust. Manches berühmte Geschwisterpaar aus der Literatur hat das gezeigt, denkt man etwa an Kain und Abel oder Aschenputtel und ihre Schwestern oder auch Hänsel und Gretel. Wichtig ist hier, dass eine gewisse Ambivalenz wohl einfach dazugehört und in diesem Sinne auch normal ist.

Man geht ja allgemein davon aus, dass sich Geschwister irgendwie ähnlich sind. Stimmt das eigentlich?
So generell lässt sich das nicht sagen, im Gegenteil, man geht davon aus, dass Geschwister mehr Unterschiede als Ähnlichkeiten aufweisen. Genetisch findet man eine Übereinstimmung von 33 bis 66%. Eltern verhalten sich ausserdem den verschiedenen Kindern gegenüber zum Teil sehr unterschiedlich. Das führt dazu, dass die Beziehungserfahrungen der einzelnen Kinder eben auch nicht einheitlich sind. Jedes Geschwister erfährt und erlebt unterschiedliche und individuelle Einflüsse. Dann sind die Erfahrungen der Beziehungen der Geschwisterkinder untereinander ebenfalls sehr unterschiedlich. Auch ausserhalb der Familie sind die Kontakte von unterschiedlicher Qualität, was in der Folge zu ganz unterschiedlichen Prägungen und Einflüssen führt.

So wachsen Kinder zwar in einer Familie auf, ihr Entwicklungsbedingungen sind im Detail jedoch nicht dieselben, und so kommt es eben doch zu recht unterschiedlichen Geschwistern.

Wenn die Geschwisterbeziehung die längste der familiären Beziehungen ist, wie sieht sie denn so über das ganze Leben aus?
Die Basisaufgabe der Beziehung unter Geschwistern über das Leben lässt sich vielleicht wie folgt beschreiben: Geschwister sollen kameradschaftlich-anteilnehmend und emotional unterstützend sein. In den verschiedenen Lebensphasen stehen aber unterschiedliche Aspekte im Vordergrund. In der Kindheit finden wir eine hohe Intimität und grosse wechselseitige emotionale Unterstützung. Das ändert sich dann über die Pubertät, so dass im frühen Erwachsenenalter die Distanz der Ge-

schwister untereinander grösser wird. Jetzt scheinen andere Beziehungen wichtiger, und die Bindung zueinander wird lockerer. Trotzdem findet man in den meisten Fällen ein freundschaftliches Verhältnis. So kann man sagen, es gibt zwar getrennte Wege der Geschwister, aber der Kontakt bleibt auf freiwilliger Basis bestehen.

Im mittleren Erwachsenenalter kommt es dann wieder zu einer Kooperation bei möglicher Hilfsbedürftigkeit der Eltern. Es gibt auch direkte Hilfe bei Notfällen oder Unterstützung bei konkreten Vorhaben wie einem Hausbau oder ähnlichem.

Wenn die Geschwister dann selbst alt werden, kommt es zu einer Wiederannäherung. Brüder und Schwestern haben dann eine spezielle Bedeutung, wegen der Länge der Beziehung und dem Teilen gemeinsamer Erinnerungen. Diese weisen auf eine gemeinsame familiäre Herkunft hin und sind Teil der gemeinsamen Wurzeln. Geschwister als wichtige Zeitzeugen der eigenen Biografie sind identitätsstiftend und ermöglichen ein Gefühl von Nähe und Verbundenheit.

In dieser Lebensphase sind alle Geschwister mit denselben Fragen und Folgen des Alterns konfrontiert. So haben die Geschwisterbeziehungen vermittelnde Funktion zwischen familiärer Vergangenheit und biografischer Gegenwart. Eventuell vorhandene Rivalität wird in den meisten Fällen überwunden. Wenn immer möglich wird gegenseitige direkte Hilfe geleistet. Häufig führt erst das Alter zu einer intensiven und befriedigenden Geschwisterbeziehung. Dies gilt vor allem für die Beziehungen zwischen Schwestern, denn nach der geografischen Distanz ist das Geschlecht der wichtigste Faktor für Kontakte im Alter.

Was kann man denn tun, wenn man einen besseren Kontakt mit seinen Geschwistern möchte?

Zunächst heisst das, den Kontakt zu suchen und herzustellen. Hierbei sollte das Bedürfnis nach vermehrtem und verändertem Kontakt auch formuliert werden. Sofern der oder die andere dies auch möchte, ergibt sich meist automatisch wieder eine engere Beziehung.

Schwierig wird es erst, wenn der andere Teil nicht will. Dann ist es wichtig, dass man sich bewusst macht, dass da möglicherweise alte Konflikte oder Rivalitäten eine Rolle spielen. Vielleicht hat die Schwester, der Bruder die «harmonische» Kindheit eben ganz anders erlebt und kaut immer noch daran? Es geht darum, diese Unstimmigkeiten zu klären, bevor eine Beziehung im Alter überhaupt möglich wird. Man sollte auf keinen Fall erwarten, dass es dann einfach klappt – oft sind die Unterschiede zwischen Geschwistern eben grösser, als man meint. Da braucht es Geduld und Zeit.

kurz & bündig

Die Geschwisterbeziehung ist die längste und gehört oftmals zu den intimsten im Leben eines Menschen.

Es gibt viele Gemeinsamkeiten unter Geschwistern, aber es gibt auch mindestens so viele Unterschiede, die oft zu einer grossen Ambivalenz der Gefühle führen – und die dürfen sein!

Wenn man einen besseren Kontakt möchte, muss man auch etwas dafür tun und immer auch respektieren, wenn der andere diesen nicht will. Vielleicht müssen wirklich erst alte Konflikte noch mal besprochen und beseitigt werden.

Geschwisterrivalität in der Betreuung alter Eltern

Kinder sind wider viele Annahmen eine grosse Quelle für Unterstützungsleistungen für alte, schwache oder pflegebedürftige Eltern. Ab einem bestimmten Alter werden bestimmte Alltagsaufgaben für den alten Menschen zur Belastung. Die Kinder spüren das in der Regel und übernehmen die eine oder andere Aufgabe. So weit, so gut – häufig aber nimmt die Abhängigkeit mit zunehmendem Alter immer mehr zu, die Belastung für die Kinder wird möglicherweise immer grösser, und wenn dann die ersten Zeichen von Überforderung spürbar werden, merken Tochter oder Sohn: «Moment, es hängt ja alles an mir. Was ist eigentlich mit meinen Geschwistern? Die haben immer gute Ausreden und picken sich die Rosinen heraus.» Es entsteht Wut, manchmal Neid, und am Ende stehen nicht selten gegenseitige Vorwürfe.

Ist es überhaupt richtig, dass erwachsene Kinder Betreuungs- oder Unterstützungsaufgaben für die alten Eltern übernehmen?

Das ist eine Frage, die sich nicht so einfach und generell beantworten lässt. Es kommt immer darauf an, wie sich die gesamte Familiensituation darstellt. Da spielen verschiedene Faktoren eine Rolle. Zum Beispiel die Qualität der Beziehung. Wie ist und vor allem auch war die Beziehung der Eltern zu den Kindern und umgekehrt? Dann die Frage der aktuellen Lebensumstände: In welcher Situation leben die Kinder jetzt? Eigene Kinder, Berufstätigkeit, Räumlichkeiten, Wohnort? Und schliesslich die Art und der Umfang der Hilfe: Welche Unterstützungsleistungen sind nötig? Kann das erwachsene Kind diese rein körperlich oder finanziell oder auch emotional leisten? Und nicht zu vergessen die Freiwilligkeit: Will das Kind diese Unterstützung überhaupt leisten? Das alles sind Dinge, die mitbestimmen, was an Betreuung möglich ist, und von daher unbedingt bedacht werden sollten.

Was sind möglicherweise Motive für das Engagement solcher «eifriger» Kinder?

Die Praxis zeigt mehrheitlich ein Gemisch von Motiven. Dazu gehört zum Beispiel: Die moralische Verpflichtung, eine gute Tochter/ein guter Sohn sein zu wollen. Manchmal sind es auch Spannungen in der Familie. Die anderen Geschwister beobachten und drängen. Ein weiteres Motiv sind unbedachte Versprechen. In jungen Jahren gemacht, werden sie in der Gegenwart aktualisiert und fordern ihre Einlösung. Vielleicht spielt aber auch eine religiöse Pflicht eine Rolle, oder Helfen wird als persönliche Herausforderung und Sinngebung für das eigene

Dasein erlebt. Nicht gern erwähnt, aber in der Realität auch bedeutsam ist das Erbe. Professionelle Hilfe kostet und lässt das Vermögen rasch schmelzen. Je mehr man selbst leistet, desto mehr bleibt ganz am Schluss übrig. Und schliesslich ist aber einfach die Liebe und Zuneigung ein häufiges Motiv, die Betreuung alter Eltern zu übernehmen.

Wichtig ist, dass man sich bewusst macht, dass die Motive sich im Handeln niederschlagen und spürbar werden. Wenn ich Dinge nur tue, weil ich mich verpflichtet fühle, verrichte ich diese möglicherweise anders, als wenn diese aus einer freiwilligen Haltung heraus übernommen werden.

Wie kann es denn zu einer solchen Situation kommen, dass ein Kind nahezu alles und die anderen nur sehr wenig übernehmen?
Häufig entsteht diese Situation in einer Art Automatismus. Die Mutter oder der Vater braucht Hilfe, und wenn mehrere Kinder da sind und alle davon wissen, übernimmt meist eines der Kinder, das sich am ehesten zuständig fühlt, am nächsten wohnt oder vielleicht auch von der Elternperson am ehesten angesprochen wird, diesen Auftrag. Ganz zu Beginn geht das auch gut – schwierig wird es erst, wenn der Aufwand zunimmt und die betroffene Person an ihre Grenzen stösst. Dann nämlich beginnt diese Ungleichheit zu stören. Zu bedenken gilt, dass in einer solchen Problemsituation alte Familienmuster – also Konkurrenzen und Allianzen aus der Kindheit – wieder wirksam werden. In Gesprächen mit erwachsenen Kindern hört man oft, «es war schon immer so – ich musste die Arbeit machen, und mein Bruder wurde für winzige Selbstverständlichkeiten hoch gelobt».

... und wie meistert man eine solche Situation?
Das Mittel der Wahl ist immer das Gespräch. Es ist ganz wichtig, dass sich die überlastete Person erst mal Luft machen kann. Am besten bei Menschen ihres Vertrauens. Das kann eine gute Freundin oder auch eine professionell beratende Person sein.

Danach sollten nach Möglichkeit alle Beteiligten an einen Tisch sitzen und Erwartungen und Ansprüche klären. Das hört sich natürlich einfacher an, als es dann wirklich ist – und trotzdem sollte man es versuchen. Es muss hier darum gehen, Möglichkeit und Grenzen aller Personen auszuloten und Entlastungsmöglichkeiten zu suchen. Manchmal kann es hilfreich sein, ein solches Gespräch in Anwesenheit einer dritten Person zu führen – dies vor allem dann, wenn die Konflikte gravierender sind oder aber wenn es in dieser Familie bis anhin nicht üblich war, Schwierigkeiten offen anzusprechen.

Welche Rolle spielen in diesen Momenten die alten Eltern?
Mehrheitlich sind es immer noch die Töchter und Schwiegertöchter, die Pflege- und Betreuungsaufgaben übernehmen. Man kann also sagen, Pflege ist immer noch weiblich. Dafür gibt es sicher verschiedene Ursachen, aber bezogen auf die Frage spielen auch die Eltern eine wichtige Rolle. So sind nämlich ausgesprochene und unausgesprochene Erwartungen an die erwachsenen Kinder ein Grund dafür, warum die einen mehr und die anderen weniger engagiert sind. Mütter erwarten beispielsweise in der Regel deutlich mehr von ihren Töchtern als von den Söhnen. Und so tun diese auch mehr, es sei denn, es gibt keine Töchter, und selbstverständlich gibt es auch rühmliche Ausnahmen!

Wie kann man eine solche Situation der Konkurrenz im Vorfeld vermeiden?

Es ist ganz wichtig, sich im Vorfeld schon einige Gedanken dazu zu machen und nicht erst, wenn die Situation da ist. Fragen wie: Will und kann ich überhaupt unterstützen?, kann man sich bereits im Voraus stellen. Wenn es so weit ist, geht es darum, dass man als Geschwister zusammensitzt und alle Möglichkeiten in einen Topf wirft, und wenn alle Ressourcen zur Betreuung nicht reichen, muss man auf Hilfe von aussen zurückgreifen.

Entscheidend ist, dass man Möglichkeiten und Grenzen des anderen akzeptiert. Wer mehr tun möchte, darf nicht dasselbe von seinen Geschwistern erwarten, sondern muss deren Entscheid respektieren. Was möglich ist, wird auch mitbestimmt von der Art und Qualität der Beziehung, die Eltern und Kinder geführt haben – in derselben Familie sind diese Beziehungen oft sehr unterschiedlich. Das gilt es kommentarlos zu respektieren und nicht zu werten. Eltern-Kind-Beziehungen haben ihre Geschichte, und nur die zwei, die diese Beziehung gelebt haben, können beurteilen, was möglich ist und was nicht.

kurz & bündig

Jeder muss selber gut überlegen, was er beitragen kann, bevor er mit der Hilfe beginnt.

Die Grenzen und Möglichkeiten müssen unter Geschwistern ausführlich besprochen werden. Je nach Bedarf muss auf Hilfe Dritter zurückgegriffen werden.

Jeder sollte Respekt haben vor dem, was jeder zu leisten bereit ist!

Die Söhne alter Eltern

Alte Eltern werden in der Regel von den Töchtern oder Schwiegertöchtern betreut. Söhne und Schwiegersöhne stehen bei diesem Thema immer noch im Hintergrund. Die wenigen Ausnahmen bestätigen die Regel. Sicher spielen hier gesellschaftliche Rollenzuschreibungen und die Erziehung eine bedeutende Rolle. Wenn der alte Vater oder die alte Mutter Hilfe benötigen, wenden sie sich zuerst an die Töchter. Das hört man immer wieder. Doch wo sind die Söhne? Warum engagieren sie sich nicht mehr?

Stimmt der subjektive Eindruck, dass es vor allem Frauen sind, die sich um unsere Alten kümmern?
Tatsächlich teilen viele Menschen diesen Eindruck. Dann liegt die Frage, warum es immer wieder die Frauen sind, die diese Unterstützung leisten, auf der Hand. Es gibt aber sehr wohl auch Söhne, die sich sehr engagieren! Trotzdem ist der Eindruck nicht nur subjektiv, sondern Studien belegen: Achtzig Prozent der alten Menschen werden von der Familie betreut und dabei entweder von den Ehefrauen, Töchtern oder Schwiegertöchtern. Es sind also in der Tat die Frauen an vorderster Pflegefront.

Gibt es dafür Erklärungen? Warum ist das so?
Eine wirklich wissenschaftlich belegte Antwort lässt sich darauf nicht geben. Über die Mutter-Tochter-Beziehung in all ihren Facetten gibt es sehr viel Literatur und eine grosse Forschung – über die Mutter-Sohn oder Vater-Sohn-Beziehung hingegen findet sich nur ganz wenig.

Ein Erklärungsversuch könnte aber folgendermassen lauten: Zunächst spielt die Erziehung eine Rolle. Es lässt sich vermuten, dass sich das Engagement der Söhne in den nächsten Generationen aufgrund veränderter Erziehung auch zum Positiven ändert. Männer wurden in der Vergangenheit auch weniger zum Helfen erzogen und hatten darin auch keine männlichen Vorbilder.

Dann sind Frauen und Männer nun mal anders und fühlen sich auch für andere Dinge zuständig oder eben nicht zuständig. Frauen packen häufig eher an. Manchmal vielleicht sogar zu schnell. Zudem haben Eltern, vor allem Mütter, auch andere Erwartungen an Söhne als an die Töchter. Die Erwartungen an die Töchter sind in den meisten Fällen höher, und noch höher, wenn die Töchter unverheiratet sind.

Aber ganz entscheidend dafür, wie sehr sich ein erwachsenes Kind in der Betreuung der Eltern engagiert, ist die Beziehungsgeschichte. Je nachdem, was man mit den Eltern erlebt hat, ist man auch zu anderen Dingen bereit oder eben nicht bereit.

Aber wäre es nicht wünschenswert, dass die Söhne auch einen Teil der Pflege und Betreuung übernehmen würden?
Natürlich wäre es im Grundsatz wünschenswert. Sie sollten einen Teil übernehmen: Ja. Aber es sollte kein gesellschaftliches Ziel sein, dass Männer und Frauen genau das Gleiche tun. Noch einmal, Frauen und Männer sind unterschiedlich. Männer können bestimmte Dinge besser als Frauen und umgekehrt. Grundsätzlich: Wenn ein Mensch Mühe hat, den Körper eines alten Menschen zu berühren, warum sollte man ihn dann zur Pflege verknurren? Jeder sollte nach Möglichkeit gemäss seinen Fähigkeiten eingesetzt werden. Es soll nicht um Männer und Frauen und einen Geschlechterkampf gehen, sondern um erwachsene Kinder, die unterschiedliche Fähigkeiten haben und diese auch in der Betreuung der Eltern auf ihre Weise einbringen können.

Wenn nun Geschwister diese Arbeit untereinander aufteilen wollen, wie sollen sie vorgehen, woran sollen sie denken?
Zunächst müssen sich alle beteiligten Personen überlegen, was sie zu einer guten Betreuung beitragen oder beisteuern können. Dies auf zeitlicher, materieller und instrumenteller Ebene. Also wie viel Zeit kann ich realistisch zur Verfügung stellen, kann ich finanziell unterstützen, und was kann und will ich pflegerisch leisten?

Dann gilt es zu prüfen, ob die Gesamtsumme der Beiträge der Kinder ausreicht oder ob externe Hilfe benötigt wird. Wenn es nicht ausreichend ist, um den Betreuungsbedarf zu decken, sollte, in Abstimmung mit den finanziellen Möglichkeiten, externe Hilfe organisiert werden.

kurz & bündig

Frauen und Männer sind anders, und man darf nicht vom anderen Geschlecht genau dasselbe erwarten, was man zu leisten bereit ist.

Jedes erwachsene Kind muss für sich selbst überlegen und entscheiden, wo seine Möglichkeiten und Grenzen in der Betreuung sind.

Diese Grenzen sollten offen und respektvoll kommuniziert werden und vom Rest der Familie dann auch so akzeptiert werden.

Schuldgefühle

Jeder kennt Schuldgefühle, und fast jeder hat sie in seinem Leben bereits einmal erlebt. Man kommt nur schlecht gegen sie an, und sie können uns das Leben schwermachen. Schuldgefühle sind in der Lage, uns unseren inneren Frieden zu rauben. Wir nennen sie auch Gewissensbisse und drücken damit viel besser die Giftigkeit und das Quälende, das mit Schuldgefühlen einhergeht, aus. Manchmal sind es die erwachsenen Kinder, und manchmal sind es auch die alten Eltern, die aus verschiedenen Gründen darunter leiden.

Was sind eigentlich Schuldgefühle?
Schuldgefühle sind zunächst ein Signal dafür, irgendetwas falsch gemacht oder versäumt zu haben. Sie machen darauf aufmerksam, dass wir jemanden verletzt oder jemandem Unrecht getan haben. Dabei laufen sie in unserem Innersten ab und sind nicht von aussen kontrollierbar. Schuldgefühle sind Ergebnisse gesellschaftlicher Moral und entspringen unserer Erziehung. Sie lassen sich nicht einfach vermeiden.

Aber Schuldgefühle sind auch nützlich für zwischenmenschliche Beziehungen und für soziale Systeme. Denn sie können Motor für gute Taten oder Wiedergutmachung sein.

Aber wie entstehen sie oder woher kommen Schuldgefühle eigentlich?
Schuldgefühle entstehen ganz grundsätzlich immer dann, wenn man gegen eigene Normen, Gebote oder Verbote verstossen hat. Dieses kann durch Wünschen, Phantasieren, Denken, Wollen oder Handeln und Verhalten geschehen. Ganz automatisch, ohne bewusst nachzudenken, bewerten wir unser Handeln anhand bestimmter Wertmassstäbe. Lautet unsere Bewertung, dass unser Handeln falsch war, dann verurteilen wir uns und leiden schliesslich unter den entstandenen Schuldgefühlen.

Was ist wichtig beim Umgang mit Schuldgefühlen?
Es lassen sich zwei Arten von Schuldgefühlen unterscheiden: Auf der einen Seite gibt es angemessene Schuldgefühle. Diese entstehen durch Verstösse gegen die eigenen Normen, Gebote und Verbote. Sie sind gesamtgesellschaftlich nützlich, wertvoll und ökonomisch, da sie Unrecht zu verhindern helfen und zur Wiedergutmachung

auffordern. Nach einer Urteilsbildung kommt man zu dem Schluss, man habe Schaden angerichtet, und versucht diesen wiedergutzumachen. Vermeiden lassen sich diese speziellen Schuldgefühle dadurch, dass man Regeln und Normen beachtet und nicht gegen sie verstösst.

Welche Art von Schuldgefühlen gibt es noch?
Auf der anderen Seite gibt es auch unangemessene Schuldgefühle: Diese entstehen durch zwei Hauptfehler, den Beurteilungsfehler und den Normfehler.

Beim Begehen eines *Beurteilungsfehlers* wird der eigene Anteil an der Wirkung nicht richtig eingeschätzt: Zum Beispiel rufen Sie Ihre Mutter zu Hause an, und sie eilt aus Freude über das Klingeln zum Telefon, stürzt und bricht sich den Oberschenkel. Sind sie jetzt schuld an diesem bedauerlichen Unfall? Zur Entlarvung des Beurteilungsfehlers muss man sich fragen, war es absichtlich oder unabsichtlich, mit Wissen um die Folgen? Habe ich meine Tat unter Druck oder in Not begangen? Hatte man überhaupt wirklich eine Wahl? Und wie bestimmend waren die äusseren Umstände für das eigene Handeln?

Der *Normfehler* liegt vor, wenn falsche oder überzogene Massstäbe angelegt werden. Vielleicht haben Sie Schuldgefühle, weil Sie Ihren Vater oder Ihren Partner in ein Heim gegeben haben? Hier fragt man, nach welchen Normen man eigentlich gehandelt hat. *Du sollst Vater und Mutter ehren?* Oder *Bis dass der Tod Euch scheidet?* Es gilt diese Normen genauer zu beleuchten und sich zu fragen, ob es vielleicht falsche Normen für diese konkrete Situation sein könnten. Sind die Massstäbe überzogen? Für welchen Geltungsbereich sind diese Normen, und gehört meine Handlung wirklich dazu?

Abschliessend müssen dann Schuldgefühle, die nicht angemessen sind, aktiv entlassen werden, denn sie gehen nicht einfach von selbst.

kurz & bündig

Schuldgefühle sind nicht nur negativ, sondern fordern zum Nachdenken und unter Umständen zur Wiedergutmachung auf.

Man sollte prüfen, ob die Schuldgefühle angemessen sind, und sie entlassen, wenn dies nicht der Fall ist, denn sie sind schlechte Ratgeber.

Sich schuldig fühlen ist etwas ganz anderes, als schuldig zu sein!

Gewalt – wenn Pflege überfordert

Immer wieder einmal erschreckt die Mitteilung, dass in einem Alters- oder Pflegeheim alte Menschen von Pflegenden misshandelt oder vernachlässigt worden sind. Aber auch in Familien und der häuslichen Pflege scheint Gewaltanwendung manchmal der letzte Ausweg zu sein. Gewalt gegenüber wehrlosen, hilfsbedürftigen alten Menschen: ein Einzelfall?

Wie häufig kommen solche Vorfälle wirklich vor?
Zunächst einmal sei darauf hingewiesen, dass das Thema «Gewalt gegenüber alten Menschen» ein Tabuthema ist, darüber spricht man lieber nicht. Von daher ist die Dunkelziffer erwartungsgemäss recht hoch. Aber die vorhandenen Zahlen sollten uns ein Hinweis darauf sein, dass es wichtig ist, auch ein so heikles Thema anzusprechen. Es wird nämlich geschätzt, dass zwischen zwei und zehn Prozent der über 65-Jährigen unter Gewalt zu leiden haben.

Welche Arten von Gewaltanwendung lassen sich dabei unterscheiden?
Gewalt hat viele Gesichter. Man unterscheidet körperliche/physische Gewalt, also ein tatsächliches Handgreiflichwerden beispielsweise. Das müssen nicht Schläge sein, die Grenzen sind fliessend, so kann auch eine grobe Berührung bei der Pflege bereits als Gewalt erlebt werden. Dann gibt es emotionale/psychische Gewalt. Diese kann sich unter anderem im Aufmerksamkeitsentzug äussern, also indem der andere gar nicht mehr beachtet oder gedemütigt wird. Auch finanzielle Ausbeutung oder Hintergehen ist eine Form der Gewalt. Jemanden zu vernachlässigen, ihm beispielsweise Medikamente nicht korrekt zu verabreichen oder die Pflege nur unzulänglich zu verrichten, sind Gewaltanwendungen. Und nicht zu vergessen ist die Gewalt im Bereich der Sexualität, also sexueller Missbrauch oder sexuelle Übergriffe.

Warum halten alte Menschen das aus und wehren sich nicht?
Hier spielt natürlich die Abhängigkeit eine ganz entscheidende Rolle – wenn man von jemandem abhängig

ist, hat man in der Regel Angst, sich zu wehren, weil man dann möglicherweise Sanktionen ertragen muss – also für sein Sich-Wehren noch einmal bestraft wird und die Situation nur noch schlimmer wird.

Zum anderen halten alte Menschen das aus, weil sie keinen Ausweg sehen – «Was kann ich schon tun?», ist dann ihre Einschätzung. Sie fühlen sich hilflos und einer Auseinandersetzung nicht gewachsen.

Aber nicht nur viele alte Menschen halten einfach still, sondern auch Drittpersonen verschliessen manchmal die Augen und wehren sich nicht für den alten Menschen, weil sie Angst haben, damit einen Konflikt heraufzubeschwören oder aber die Schweigepflicht zu verletzen.

Gibt es Indizien für Gewaltanwendung?
Manchmal können hinausgezögerte Arztbesuche, damit man die blauen Flecken nicht sieht, eine Hinweis sein. Oder aber vage oder unwahrscheinliche Erklärungen für Verletzungen. Und nicht zu vergessen ist der Rückzug häufig das Mittel der Wahl, um Gewalt zu vertuschen – «Wenn man mich nicht sieht, muss ich meine Stimmung nicht erklären ...»

Welches sind mögliche Ursachen für Gewalt gegen alte Menschen?
In Familien: Hier liegt der Ursprung manchmal auch in alten Geschichten, die nie ausgesprochen wurden. So kann es dazu kommen, dass jemand in der Abhängigkeitssituation seine Macht «endlich» ausspielen kann – eine abgeschwächte Form der Rache. Aber auch die Überforderung in der Pflege und Betreuung kann der Grund für Gewaltanwendung sein. Eigene Grenzen der

Überbelastung werden nicht erkannt, und irgendwo sucht sich Aufgestautes Abfuhr – es werden Dinge gesagt oder getan, die man eigentlich nie gewollt hat. Häufig werden auch negative Gefühle, die mit der Pflege eben auch verbunden sind, wie Ekel, Widerwillen, Abscheu, einfach weggeschoben – die dürfen nicht sein. Das kann ebenfalls zu Frustration und in der Folge zu Aggression führen.

In der professionellen Situation: Auch bei den professionell Pflegenden kommt es immer wieder zu Überlastung bis hin zum Burnout. Der Arbeitsanfall ist hoch und mit hohen eigenen Qualitätsansprüchen verbunden, denen die Pflegenden häufig nicht gerecht werden können.

Hinzu kommt Frustration durch Konflikte mit Heimbewohnern oder Angehörigen. Aber auch eigene psychische Probleme oder zu wenig Möglichkeit der Reflexion dessen, was passiert, können in allerletzter Konsequenz zur Anwendung von Gewalt führen.

Was kann man selbst tun, um Gewaltanwendung vorzubeugen?
Ganz wichtig ist es, Gefühle von Überforderung bei sich und anderen unbedingt frühzeitig ernst zu nehmen und anzusprechen. Nicht einfach wegschauen.

Dann sollte man auch andere negative Gefühle wie zum Beispiel Ekel nicht negieren, sondern in geschütztem Rahmen zulassen und darüber reden. Eine weitere wichtige Präventionsmassnahme in diesem Zusammenhang ist die eigene Entlastung. Familienpflege ist eine grosse Herausforderung, und es ist nicht nur legitim, sondern ganz wichtig, sich selbst immer wieder auch zu entlasten. Dazu gehören regelmässige Pausen in der Betreuung oder etwas unternehmen, bei dem man neue Kraft schöpfen kann. Helfen kann schliesslich auch die Beratung durch Fachpersonen, beispielsweise der Hausarzt oder die Spitex.

kurz & bündig

Überforderung und Gewalt dürfen keine Tabuthemen sein, sondern wir sind alle mitverantwortlich, dieses Tabu zu brechen und darüber zu reden.

Jeder sollte sensibel sein für die eigenen Grenzen der Belastbarkeit, mit dem Wissen, dass es sonst zu unerwünschten Worten oder Taten kommen kann.

Man sollte sich bei eigener Betroffenheit oder bei Verdacht von Gewaltanwendung im eigenen Umfeld Unterstützung in Form von Entlastung oder Beratung suchen.

Familiengeheimnisse

Familiengeheimnisse haben manchmal ein langes Leben und ziehen sich über Generationen hinweg. Viele Familien haben solche Geheimnisse! Uneheliche Kinder, von denen niemand etwas wissen darf. Missbrauch, der unter den Teppich gekehrt wird, verflossene Liebschaften, die geheim gehalten werden! Hüter dieser Geheimnisse bewahren oft strengstes Stillschweigen. Warum passiert das, und wie kann man damit umgehen?

Gibt es verschiedene Arten von Geheimnissen?
Wir kennen alle «süsse Geheimnisse». Diese sind in der Regel zeitlich begrenzt, im Vordergrund steht hier die Überraschung wie ein Geschenk, eine Party oder ein Besuch. Solche Geheimnisse können neue Bindungen schaffen wie beispielsweise Weihnachtsgeheimnisse zwischen Kindern und Eltern.

Dann gibt es aber auch die essentiellen Geheimnisse. Diese sind eher langlebig und symbolisieren eine notwendige Grenze zum Schutz von Beziehungen. So zum Beispiel bei Paaren: Es gibt Dinge, die gehen niemanden etwas an, auch die Kinder nicht, nur das Paar selbst! So stärken diese Geheimnisse das gegenseitige Vertrauen. Wenn jemand dieses Geheimnis preisgibt, kommt es einem Verrat gleich.

Und schliesslich sind da noch die vergiftenden Geheimnisse. Solche Geheimnisse liegen manchmal schon mehrere Generationen zurück. Hier bleiben massgebliche Ereignisse verborgen. Das können manchmal wirkliche Zerreissproben für Beziehungen sein.

Welche Folgen haben denn vergiftende Geheimnisse?
Ganz wichtig ist, dass sie die Menschen belasten, die sie kennen, und auf der anderen Seite verunsichern sie diejenigen, die sie nicht kennen, weil sie intuitiv spüren, dass ihnen etwas verheimlicht wird. Diese fragen sich dann, ob sie ihrem Gefühl und auch den anderen trauen können. So können sie auch negative Folgen für die Identität haben. Wer bin ich denn? Was ist mit mir? Warum kann man mit mir nicht darüber reden? Solche Fragen sind nicht selten die Folgen dieser Geheimnisse. Ausserdem mindern sie die Fähigkeit, Probleme zu lösen und zu kommunizieren.

Gibt es konkrete Ursachen zur Verheimlichung von Tatsachen? Warum schweigen die Wissenden so beharrlich?
Jeder, der ein solches Geheimnis mit sich trägt, wird aus seiner Sicht einen triftigen Grund dafür haben, nicht darüber zu reden. Vorstellbar sind Schamgefühle oder Verlegenheit. Vielleicht will man aber auch Kinder schützen, indem man die Wahrheit verschweigt, oder man möchte ihnen Schmerzen ersparen.

Nicht selten aber sind die Grenzen zwischen Privatsphäre und Verheimlichung verschwommen. Es ist also nicht klar, wann ich etwas für mich behalten darf und wann hätte der andere ein Recht darauf, davon zu wissen. Die Definitionen von Privatheit und Verheimlichung können je nach Epoche und Kultur unterschiedlich sein. Jede Familie hat dann noch mal eigene Regeln, was für sie geheim und was privat ist.

Wenn ich als Tochter oder Sohn jetzt das Gefühl habe, dass es bei uns so ein Geheimnis gibt, was kann ich tun?
Meist fühlen sich Betroffene ausgeschlossen und leiden oft mehr unter dem Schweigen als am Geheimnis selbst. Trotzdem gilt es genau zu überlegen, ob man mit den möglichen Konsequenzen einer Preisgabe des Geheimnisses leben kann – bei Zweifeln sollte man lieber abwarten, bis man sich selbst stark genug fühlt.

Dann ist es wichtig zu überlegen, wann und wie man das Geheimnis ansprechen will oder kann. Wenn das geklärt ist, geht es darum nachzufragen. Immer wieder, mit Geduld, Beharrlichkeit, achtsam und respektvoll. Entscheidend ist es, deutlich zu machen, wie wichtig einem die Wahrheit ist. Nicht moralisieren, nicht werten, sondern Offenheit und Bereitschaft zeigen, wirklich zuhören und Verständnis für das lange Schweigen signalisieren. Am Ende muss man aber auch respektieren, wenn der andere weiter schweigen will.

Was kann ich tun, wenn ich selbst Geheimnisträger bin?
Wissende haben selbst auch immer an den Geheimnissen zu kauen und sind auf eine andere Art ebenso belastet. Sie sollten überlegen, wem sie sich anvertrauen können, wem sie sich mitteilen können. Auch hier spielen Form und Zeitpunkt eine wichtige Rolle. Ist es besser, persönlich darüber zu sprechen, oder fällt das Schreiben darüber leichter? Und welche Gelegenheit bietet sich für ein solches Gespräch an? Wissende müssen herausfinden, was für sie selbst entlastend wirken kann.

Und wann sollte man die Wahrheit sagen?
Das ist nun eine ganz persönliche Entscheidung. Ich bin der Meinung, spätestens dann, wenn danach gefragt wird, muss man ernsthaft darüber nachdenken, die Wahrheit an den Tag zu bringen. Geschichten, die einen Namen haben, lassen sich besser ins Leben integrieren!

kurz & bündig

Wenn das Nichtwissen belastet, darf nach der Wahrheit gesucht werden.

Wenn man Geheimnisträger ist, muss man sich fragen, ob es nicht an der Zeit ist, die Wahrheit zu sagen.

Bei allem gilt: Der eine hat das Recht auf Wahrheit, und der andere hat auch das Recht auf Schweigen, wenn es ihm absolut nicht möglich ist zu reden! Vielleicht muss man sich dann Unterstützung von aussen holen.

Versprochen ist versprochen

Versprechen begegnen uns in unserem Leben von der Geburt bis zum Ende des Lebens immer wieder und nahezu überall. In der Werbung: die Creme, die verjüngt, das Waschmittel, das noch weisser wäscht. In der Politik: die Versprechen vor den Wahlen, die nachher schnell vergessen sind. Aber auch in der Familie und im Freundeskreis werden Dinge versprochen. Und manchmal geht es uns dann so wie den Werbern oder Politikern – wir können unsere Versprechen nicht einhalten. Und was nun? Was passiert dann mit uns, und was kann in einer solchen Situation hilfreich sein?

Warum gibt es überhaupt Versprechen?
Versprechen sind wohl eine Art Sicherheit oder Garantie, die man für bestimmte Dinge abgeben oder abnehmen will. Gegebene Versprechen dienen so dem Ausdruck von Wertschätzung.

Versprechen haben Verspflichtungscharakter, und das zeigt ihre Ernsthaftigkeit. Trotzdem werden aber Dinge versprochen, für die es eben keine Garantien gibt, wie zum Beispiel Treue oder ewige Liebe. Und darin liegt dann die Crux eines Versprechens. Man hat sich zu etwas verpflichtet, für das es keine Garantien gibt.

Was bewegt Menschen dazu, Versprechen zu halten?
Es gibt zwei Theorien, warum Menschen Versprechen einhalten. Die erste besagt, dass wir die Erwartungen anderer nicht enttäuschen wollen. Es ist uns Menschen wichtig, mit anderen Menschen im Einklang zu leben und ihnen nicht unnötig wehzutun.

Die zweite Theorie geht davon aus, dass das Halten eines Versprechens einen Wert für sich darstellt, also unabhängig von anderen Personen ist. Im realen Leben liegt dem Verhalten meist ein ganzes Bündel an Motiven zugrunde. So kann ein gebrochenes Versprechen ein schlechtes Gewissen verursachen oder Angst davor, entdeckt und bestraft zu werden, entstehen lassen.

Jemand anderes legt Wert auf Ehrlichkeit und hält deshalb seine Zusagen ein – also eine Art moralische Verpflichtung, die wir im Laufe unserer Entwicklung als Kind vorgelebt bekommen und dadurch gelernt haben. Versprechen einhalten ist auch ein Zeichen der Verlässlichkeit. Wenn ich das nicht tue, kann sich das herumsprechen, und ich kann mein Ansehen dadurch verlieren.

Welche Arten von Versprechen lassen sich unterscheiden?
Wir kennen offizielle Versprechen wie die Taufe, das Eheversprechen oder auch mündliche Verträge. Und dann gibt es die persönlichen Versprechen wie die Liebe oder das Freundschaftsversprechen: Du kannst dich immer auf mich verlassen! Auch zu den persönlichen Versprechen zählt die versprochene Fürsorge wie beispielsweise: Ich werde dich einmal pflegen, du musst nicht in ein Heim, ich sorge für dich!

Was passiert, wenn ich ein gegebenes Versprechen nicht einhalten kann?
Als Erstes machen sich wohl ein schlechtes Gewissen oder Schuldgefühle bemerkbar, und das ja auch ein bisschen zu Recht, denn ich habe mich zu etwas verpflichtet, was ich nun nicht einlösen kann.

Nur können äussere Umstände halt dazu führen, dass man sein Versprechen nicht einhalten kann. Ein verändertes Leben verunmöglicht manchmal das Einhalten der in der Jugend gegebenen Versprechen. Es braucht also eine neue Beurteilung der Situation. Es sollte offengelegt werden, dass das Versprechen nicht eingehalten werden kann. Auf keinen Fall darf man erwarten, dass der andere das schon selbst merkt, sondern die Verpflichtung liegt bei Nichteinhalten zumindest darin, dieses offen zu erklären. Und dann sollte gemeinsam nach einer Lösung gesucht werden, die für beide stimmig ist.

Was tue ich, wenn mir jemand ein Versprechen abnehmen will, von dem ich bereits ahne, dass ich es nicht einhalten kann?
Erst einmal muss man zu verstehen versuchen, was hinter dem gewünschten Versprechen liegt. Ist es die Sorge?

Ist es Angst? Oder ist es Unsicherheit? In der Regel möchte da doch jemand Sicherheit für etwas, was ihn beunruhigt, zum Beispiel beim Sterben dabei sein – und das muss man ernst nehmen.

Dann sollte man den Mut haben, offenzulegen, dass man sich dazu aus der aktuellen Perspektive nicht oder nur bedingt in der Lage fühlt. Es ist wichtig, die eigenen Grenzen und Möglichkeiten offen aufzuzeigen und zu schauen, ob sie dem anderen als Sicherheit reichen. Auch eine gemeinsame Suche nach einer Alternative kann in solchen Situationen hilfreich sein.

kurz & bündig

Reden ist leichter als tun und versprechen leichter als Versprechen halten – gut überlegen, was man wem verspricht!

Versprechen müssen immer für beide Personen stimmen, und man muss darin Grenzen akzeptieren.

Wenn man merkt, dass ein Versprechen nicht eingehalten werden kann, dringend darüber reden, bevor sich ein schlechtes Gewissen einstellt.

Versöhnung

Immer wieder hört man von Konflikten innerhalb von Familien, die sich nicht so einfach beilegen lassen. Erwachsene Kinder, die ihren alten Eltern Vorwürfe machen oder sie für ihre Erziehung anklagen. Alte Eltern, die nicht einverstanden sind mit dem gewählten Lebensstil oder Lebensweg ihres einzigen Kindes. Viele Gründe, viele Geschichten – doch alle stehen möglicherweise vor der Frage, wie eine Versöhnung aussehen könnte. Wer macht den Anfang?

Was ist eine Versöhnung? Reden wir nicht eher von Verzeihen?

In der Tat ist in unserem Sprachgebrauch das Verzeihen ein häufiger benutztes Wort. Wobei darauf zu achten ist, dass versöhnen und verzeihen nicht ganz dasselbe bedeuten. Sich versöhnen heisst, eine Verfehlung, schuldhaftes Verhalten, nicht mehr übelzunehmen, sondern zu verzeihen und darüber hinaus wieder in eine vertrauensvolle Beziehung oder Verbindung mit dieser Person zu treten, auch wenn man nicht weiss, ob diese Verfehlung nicht möglicherweise wieder vorkommt. Versöhnen geht also eigentlich noch einen Schritt weiter als das Verzeihen.

Dann ist Versöhnen also ein Prozess und nicht eine einmalige Geste?

Richtig, es ist manchmal ein langwieriger und auch schwieriger Prozess, der aber zu einer grösseren Freiheit führt und uns aktiv unser aktuelles Leben gestalten lässt. Man bleibt dabei nicht in der Vergangenheit und auch nicht in der Opferposition verhaftet, sondern begibt sich aktiv in einen Prozess, der zu einer inneren Freiheit führen kann. Zur Versöhnung muss man sich aber selbst entschliessen. Wir können sie nicht fordern, aber vielleicht fördern.

Aber ganz praktisch, was braucht es zur Versöhnung?

Erst einmal muss man verzeihen, sozusagen als Voraussetzung für die Versöhnung. Um verzeihen zu können, muss man aber zunächst die Verletzung wahrnehmen. Es geht darum, den Ärger und die damit verbundene Scham zu spüren. Dann muss man sich davon erholen. Und schliesslich braucht es noch das Verstehen, wie es dazu kommen konnte. Erst dann kommt der entscheidende Schritt zur Versöhnung: die Entschlossenheit, diese Beeinträchtigung wirklich hinter sich lassen zu wollen, so dass man sich dem anderen Menschen wieder mit Respekt zuwenden kann. Sich der Vergangenheit stellen, vielleicht auch die eigene Schuld oder Beteiligung an der Situation eingestehen und die Darstellung des anderen ernst nehmen.

Das hört sich aber alles nicht einfach an. Wir wissen auch, dass es im Alltag – gerade bei lang andauernden Konflikten – oft gar nicht zur Versöhnung kommt. Woran könnte das liegen?
Zwei Dinge sind hier wichtig: Erstens liegt es möglicherweise daran, dass gerade bei lang andauernden Konflikten Täter- und Opferrolle nicht eindeutig verteilt sind. So haben beide Seiten ihre berechtigten Anliegen – ein Körnchen Wahrheit, das sie verteidigen. Beide haben Fehler begangen, und gegenseitige Schuldzuweisungen führen in dem Fall nicht zum Erfolg. Die Verletzung liegt oft nicht nur zwischen den beteiligten Personen, sondern geht durch beide Personen hindurch. Jede Person ist in sich selbst verletzt. Des Weiteren kann Versöhnung nicht von aussen verordnet werden. Nur das betroffene Opfer kann vergeben, und nur Vergebung aus freier, eigenständiger Entscheidung ist ein echter Schritt zur Versöhnung.

Wie packe ich eine Versöhnung an? Wer geht zum Beispiel auf wen zu?
Hier gibt es keine Regel. Es ist immer eine individuelle Situation. Den ersten Schritt sollte aber sicher derjenige tun, der die Versöhnung wirklich will und mit allen Kon-

sequenzen dazu bereit ist. Dazu gehört auch, eine ablehnende Reaktion ertragen zu können. Wichtig ist aber für alle, immer bekannt zu geben, dass das Ziel der Kontaktaufnahme die Versöhnung ist!

kurz & bündig

Versöhnen ist mehr als Verzeihen. Wenn man sich versöhnt, so geht man nachher auch wieder gemeinsam im Leben weiter.

Versöhnung kann man nicht fordern, nur fördern.

Versöhnung ist ein Prozess, zu dem man sich aktiv entschliessen und auf den man sich dann auch einlassen muss.

Autonomieverlust und das Pflegeheim

Mit zunehmendem Alter sind nicht alle, aber viele alte Menschen auf Hilfe angewiesen. Die erhöhte Lebenserwartung heisst nicht für alle von uns, dass wir auch bis zum Tod ganz gesund bleiben. Im Gegenteil, es ist damit zu rechnen, dass das eine oder andere Zipperlein auftritt und bei manchem sogar zu grösserer Abhängigkeit führt. So gehört zu der Auseinandersetzung mit dem Altwerden auch die Auseinandersetzung mit dem Alters- oder Pflegeheim. Den meisten Menschen graut davor, aber es ist nicht für alle zu vermeiden, und deshalb ist das Verdrängen kein sinnvoller Weg. Eine vorbereitende und vertiefte Auseinandersetzung mit den verschiedenen Fragestellungen rund um das Thema Alters- oder Pflegeheim und eine Überprüfung der eigenen Einstellungen und Vorurteile kann den Umgang mit dieser manchmal eben unausweichlichen Situation erleichtern. Denn auch wenn die Situation an sich für manchen unausweichlich ist, lässt sich bei der Gestaltung vieles besser oder schlechter machen. Im Autonomieverlust die Autonomie trotzdem zu Wort kommen zu lassen, mitzubestimmen und mitzugestalten wo immer möglich, ist gerade für diesen Schritt ganz besonders wichtig.

Entscheidungskriterien für einen Pflegeheimplatz

Das Pflegeheim ist und bleibt für viele ein Schreckgespenst, verbunden mit Vorurteilen und Ängsten. Viele hoffen, dieser Situation im eigenen Umfeld nicht begegnen zu müssen. «Hoffentlich muss ich nie oder müssen meine Eltern nie in ein Heim.» Doch für viele von uns wird es eben dann doch irgendwann Realität, auf die wir nicht vorbereitet sind. Was kann man tun, oder woran muss man denken, damit der schwierige Schritt doch ein bisschen einfacher wird?

Was hilft, mit dieser Herausforderung umzugehen?
Erst einmal sollte man sich frühzeitig mit dieser Möglichkeit auseinandersetzen. Es wäre fatal, zu hoffen, dass es der eigenen Familie oder der eigenen Person erspart bliebe. Im Gegenteil, es ist hilfreich, sich möglichst konkret damit auseinandersetzen und darüber zu reden, wie eine solche Situation gemeistert werden kann. Wichtig ist dabei vor allem, welche Bedingungen möglicherweise entscheidend für den Eintritt sein könnten (zum Beispiel Inkontinenz, Weglaufgefährdung). Ausserdem sollte man sich eingestehen, dass es schwer ist, diese Entscheidung zu fällen und ihre Konsequenzen zu erleben. Das heisst, man sollte sich selbst und dem Betroffenen Zeit zur Verarbeitung geben. Hilfreich ist auch, mit Gleichbetroffenen über das Erlebte zu reden und sich auszutauschen. Zudem besteht an vielen Orten die Möglichkeit, sich Unterstützung von Aussenstellen zu holen.

Was muss bei der Suche nach einem Heimplatz denn im Vorfeld berücksichtigt werden?
Es gibt in jeder individuellen Situation viele verschiedene Dinge zu berücksichtigen, auf die wichtigsten soll hier kurz eingegangen werden. Zunächst sollte man frühzeitig über die Bedürfnisse des Betroffenen reden: Wo möchte er/sie nach Möglichkeit wohnen? Was ist besonders wichtig (Zimmergrösse, Erreichbarkeit für Besucher, Aktivitäten, religiöse Ausrichtung)? Dann sollte man mit den infrage kommenden Heimen Besichtigungstermine vereinbaren und vor Ort die offenen Fragen klären.

Woran muss ich bei so einer Heimbesichtigung denken?
Es gibt einige Fragen oder Beobachtungskriterien, aus denen man sich die für einen selbst entscheidenden her-

aussuchen sollte: Wie ist mein erster Eindruck vom Heim? (Garten / Umgebung / Stimmung)? Wo liegt es? Wie gut ist die Erreichbarkeit? Wie gross ist das Heim? Wie viele Zimmer? Ein kleines Heim ist oft persönlicher, bietet aber manchmal weniger Möglichkeiten für Aktivitäten und Therapien. Dann die Frage, ob man Persönliches mitbringen darf? Welches sind die Grundideen des Heims? Welche Haltung kommt mir bei der Begegnung mit den Menschen entgegen? Wie sieht die ärztliche Betreuung aus? Gibt es ein Ernährungskonzept? Welche Aktivitäten werden angeboten? Ist die Institution auf bestimmte Krankheitsbilder spezialisiert? Je besser und je konkreter man sich auf diesen Termin vorbereitet, desto hilfreicher wird es in der Folge für eine gute Entscheidung sein.

Auch wenn alles gut vorbereitet ist, bleibt der Schritt für den betroffenen Menschen schwer. Warum?
Es bleibt für die meisten alten Menschen schwer, weil sie ihr Zuhause verlassen. Auch wenn man in vielen Institutionen Möbel oder andere wichtige Gegenstände mitnehmen kann, tut es trotzdem weh. Im Gegensatz zu den Angehörigen, die zumindest körperlich entlastet werden, sind für den Betroffenen nur schwer Vorteile der neuen Situation ersichtlich. Der Heimeintritt wird in erster Linie als Autonomieverlust erlebt, die letzte Station auf dem Lebensweg ist erreicht. Oftmals sind die Alten auch nicht wirklich in die Entscheidung mit einbezogen – die Krankheit oder die Umstände entscheiden, und man muss sich einfach in die neue Situation schicken.

Was kann man tun, wenn ein Elternteil sich weigert?
Die Verweigerung ist eine besonders schwierige Situation. Wichtig ist hier zu unterscheiden, ob die Person die

Situation aufgrund der geistigen Fähigkeiten noch beurteilen kann oder nicht. Wenn dieses aufgrund eines krankhaften Geschehens nicht der Fall ist, muss man zum Wohle des Betroffenen auch mal über ihn entscheiden – das hört sich leicht an, ist aber für Angehörige sehr belastend.

Wenn die betroffene Person aber noch voll entscheidungsfähig ist, können nur offene Gespräche helfen, in denen man aufzeigt, was die Konsequenz eines Entscheids gegen ein Alters- oder Pflegeheim ist.

In beiden Fällen ist aber die Unterstützung durch eine Drittperson (Hausarzt oder andere wichtige Bezugsperson, die nicht direkt involviert ist) empfehlenswert.

kurz & bündig

Eine möglichst sachliche, gut organisierte Vorbereitung kann den Schritt ins Pflegeheim erleichtern.

Wenn immer möglich sollte die betroffene Person in den Entscheidungsprozess mit einbezogen werden.

Man sollte sich klar darüber sein, dass der Schritt nicht einfach ist, und Hilfe in Anspruch nehmen.

Eintritt ins Pflegeheim

Lange hatte es so ausgesehen, als könne die Mutter/der Vater mit Unterstützung von Spitex und eigenem Einsatz eine ganze Weile in den eigenen vier Wänden bleiben. Tja, und dann kam er doch, der Zeitpunkt, an dem man merkte, es wird je länger, je schwieriger. Man selber fühlt sich erschöpft, gerät an eigene körperliche und seelische Grenzen, und schliesslich ist es der Hausarzt, der dringend einen Eintritt ins Pflegeheim empfiehlt. Das Pflegeheim ist gewählt, und der Eintritt ist definitiv.

Wir sind heute doch alle so aufgeklärt, wir wissen, was auf uns zukommen kann, und setzen uns mit der Zukunft auseinander – warum fällt dann der Umzug der Eltern oder des Partners ins Pflegeheim den meisten so schwer?
Das Erleben einer solchen Situation ist individuell sehr unterschiedlich. Ein herausragender Grund ist sicher die Angst vor der Trennung. Es fällt einfach schwer, den anderen gehen zu lassen. Auch Verpflichtungsgefühle, abgegebene Versprechen oder etwas zurückzahlen zu wollen erschweren das Akzeptieren dieser Tatsache. Andere leiden auch unter dem Gefühl, doch nicht genug getan oder gar versagt zu haben. Es ist nicht leicht, die eigenen Grenzen zu akzeptieren. Erwachsene Kinder haben zudem häufig das Gefühl, selber doch am besten für die Mutter oder den Vater sorgen zu können.

Da darf man sich nichts vormachen – es geht eine Lebensphase unwiederbringlich zu Ende, und das tut weh! Es gibt für diese Situation keine Vorbilder, keine Norm, die legitimiert, dass man alte Eltern in ein Pflegeheim gibt. Die gemeinsame Lebensdauer von alten Eltern und ihren erwachsenen Kindern ist deutlich erhöht und zeigt uns erst langsam, welche neuen Herausforderungen das für beide Generationen mit sich bringt.

Ausserdem sind die Bilder über Heime in der Öffentlichkeit eher negativ. Positive Berichterstattungen findet man in den Medien sehr selten, und so fällt es auch schwer, von vornherein Vertrauen in eine gute Betreuung zu haben.

Was kann man konkret am Eintrittstag und in der ersten Zeit tun?
Patentrezepte gibt es sicher keine. Trotzdem gilt es, gerade den Eintrittstag so angenehm wie möglich zu gestal-

ten. Man kann sich etwa Zeit nehmen, um das Zimmer so zu gestalten, dass Dinge, die eine grosse Bedeutung haben, bereits platziert sind. Dann ist es schön, wenn man sich Zeit für das erste Mittagessen nehmen kann und in der Institution gemeinsam isst.

Ganz wichtig aber ist, den Respekt vor dem, wie jeder auf seine Weise mit dieser Herausforderung umgeht, zu behalten. Man sollte nicht versuchen, schwere Dinge schönzureden, sondern negative Gefühle zulassen, dies hilft die Situation zu verarbeiten.

Ist denn ein Heimeintritt nur negativ zu sehen? Gibt es nicht auch positive Aspekte?
Das vorherrschende negative Bild der Pflegeheime in der Öffentlichkeit sollte korrigiert werden, weil sie dem nicht mehr entsprechen. Es wird heute sehr viel Wert darauf gelegt, auf Wünsche und Bedürfnisse der Bewohner und Bewohnerinnen einzugehen und sie und ihre Angehörigen bei der Integration zu unterstützen. Es gibt durchaus auch Menschen, die froh und erleichtert sind, diesen Schritt getan zu haben. Gerade wenn jemand allein gelebt hat, bietet eine Institution Sicherheit und viele Möglichkeiten für neue soziale Kontakte und Beziehungen.

Ein positiver Aspekt für beide Seiten ist die Entlastung des Alltags. Der pflegende Angehörige gewinnt zunächst an Freiraum, was zwar nicht zwangsläufig mit einer erlebten Entlastung einhergehen muss, aber die direkte Pflege und Betreuung fallen weg. Der Betroffene selbst erlebt sich häufig als Last für seine Angehörigen und wird von diesem Gefühl befreit – es sind jetzt Professionelle, die die Hauptarbeit übernehmen. So können Begegnungen zwischen Angehörigen und Pflegebedürftigen wieder einen anderen Inhalt bekommen. Beide können sich wieder auf die Beziehung an sich konzentrieren. Das ist insbesondere für das Abschliessen von Beziehungen ein sehr gewinnbringender Aspekt. Trotzdem muss man beachten, dass jede Familie hier ihren eigenen Weg geht – für die einen ist es leichter, für die anderen schwerer.

kurz & bündig

Wenn immer möglich sollte die betroffene Person in den Entscheidungsprozess mit einbezogen werden.

Man sollte sich darüber klar sein, dass der Schritt nicht einfach ist, und nichts schönreden, sondern Hilfe in Anspruch nehmen.

Es geht eine Lebensphase zu Ende, aber es beginnt auch etwas Neues, das es gemeinsam zu gestalten gilt – offen sein für Neues!

Die Wohnungsauflösung

Wenn der schwere Schritt einmal getan ist und Mutter oder Vater oder gar beide ins Heim gezogen sind, dann folgt schon bald eine nächste grosse Herausforderung für die Angehörigen – die Wohnung muss irgendwann geräumt und aufgelöst oder das Haus verkauft werden. Das ist oftmals eine Aufgabe, die man, solange es die Finanzen ermöglichen, vor sich herschiebt.

Was macht es so schwierig?
Die Wohnung oder den Haushalt aufzulösen ist immer für beide Generationen schwer.

Die alten Eltern verlieren nun definitiv und für alle offensichtlich ihr Zuhause. Sie verlieren damit einen Teil ihres Lebens, der ihnen Sicherheit und Geborgenheit gegeben hat. Und nicht zu vergessen, sie verlieren auch ein grosses Symbol für Autonomie, wenn man daran denkt, was die erste Wohnung im Leben eines Menschen für eine Bedeutung hat.

Die erwachsenen Kinder müssen oftmals diese Aufgabe übernehmen und damit in einen ganz intimen Bereich der Eltern eindringen. Diesen Prozess überhaupt in Gang zu setzen, das Thema anzusprechen, ist eine schwierige und heikle Aufgabe. Dann sind die vielen Entscheidungen zu treffen. Das reicht von «Wohin mit den Sachen?» über «Wen muss man informieren und integrieren?» bis hin zu «Wann soll das Ganze stattfinden?». Gegenstände zu entsorgen, über die ein anderer Herr im Haus war, ist auch bei aller Unausweichlichkeit gerade für Kinder nicht einfach. Dann muss man auch daran denken, dass mit der Auflösung des elterlichen Haushalts auch für das erwachsene Kind der Verlust des eigenen Elternhauses einhergeht.

Man weiss aber doch, dass es sein muss. Wie soll man es denn nun angehen?
Als Erstes sollte man sich bewusst sein, dass es ein längerer Prozess ist und nicht mal eben schnell erledigt werden kann. Das heisst, sich selbst und auch dem alten Menschen Zeit geben!

Dann muss man natürlich, sofern die Eltern noch urteilsfähig, also geistig gesund sind, irgendwann dieses

Thema ansprechen – aber vorsichtig. «Mutter, wie siehst du das? Du hast dir sicher doch auch schon Gedanken gemacht? Überleg es dir mal, und wir reden dann wieder darüber», könnte ein möglicher Gesprächsbeginn sein. Je nach finanziellen Möglichkeiten und je nach Gesamtsituation sollte Zeit für mehrere Gespräche eingeräumt werden. Vor allen Dingen muss auch danach gefragt werden, was dem alten Menschen aus seiner Sicht helfen könnte, diesen schweren Schritt zu tun.

Wie soll man vorgehen, wenn die Entscheidung einmal gefällt ist?
Wo immer möglich sollte man versuchen, den alten Menschen in den Prozess zu integrieren, wenn er oder sie das will. So kann man zum Beispiel in die Wohnung fahren und sich Zeit nehmen, um vor Ort von bestimmten Dingen Abschied zu nehmen. Miteinander beschriften, wer was bekommen soll, was entsorgt wird und was vielleicht noch mit ins Heim geht, hilft dem alten Menschen manchmal bei der Bewältigung der schwierigen Situation. Manchmal sind dazu auch mehrere Besuche nötig. Solch ein Einsatz kann sich lohnen, wenn der Trauerprozess dadurch nachhaltig positiv beeinflusst wird. Das heisst aber auch, den Schmerz miteinander auszuhalten!

Was mache ich aber, wenn meine Mutter oder mein Vater nicht mehr entscheidungsfähig ist? Soll ich sie trotzdem integrieren?
Hier kommt es sehr auf den Zustand an. Wie viel bekommt jemand vom aktuellen Geschehen noch mit? Wie gut kann jemand eine Situation noch überschauen?

Wenn klar ist, dass die Demenz bereits weit fortgeschritten ist, dann kann eine Integration eher noch mehr Verwirrung stiften als hilfreich sein. In einem solchen Fall muss man *für* die Eltern, aber so gut wie möglich in ihrem Sinne entscheiden. Also bei allem fragen: Wie hätte sie/er es wohl gewollt?

Manchmal kann es auch helfen, gute Freunde von Mutter oder Vater zu Rate zu ziehen, die wissen manchmal mehr als die Jungen, und man muss dann nicht die ganze Verantwortung allein tragen. So ist abschliessend in einem solchen Fall auch ganz wichtig, dass sich die Geschwister untereinander genau absprechen und miteinander entscheiden – zu oft kommt es vor, dass im Nachhinein Vorwürfe kommen, der eine oder andere habe sich noch bereichert.

kurz & bündig

Eine Wohnungsauflösung ist ein schwerer Schritt für alle Beteiligten, und die Entscheidung ist schmerzhaft und braucht Zeit.

Gespräche und gemeinsames Vorgehen sind hilfreich und erleichtern den Abschied.

Wenn der alte Mensch nicht mehr daran beteiligt werden will oder kann, sollte die Maxime immer sein: für ihn, aber in seinem Sinn entscheiden.

Besuch im Pflegeheim

Dann kam er also doch, der Eintritt ins Pflegeheim. Und jetzt folgen die Besuche. Immer wieder der gleiche Gang dorthin, immer wieder die gleichen Eindrücke, und manchmal auch das Gefühl, meine Mutter oder mein Vater nimmt den Besuch gar nicht richtig wahr. Und so ist der Heimweg manchmal genauso schwierig wie der Hinweg.

Sind Besuche im Pflegeheim für die Bewohnerinnen und Bewohner wichtig?
Ganz sicher sind Besuche wichtig, das zeigen auch wissenschaftliche Untersuchungen. Besuche steigern die Lebensqualität der Menschen im Pflegeheim. Sie sind eine wohltuende Unterbrechung des Alltags. Gerade Angehörige spielen eine ganz wichtige und bedeutungsvolle Rolle.

Warum sind Angehörige und ihre Besuche so wichtig?
Angehörige sind das Bindeglied zwischen der eingeschränkten Lebenswelt des Heims und der früheren Welt draussen. Sie verbinden die Welten und helfen dem Bewohner, an beidem teilzuhaben. Ausserdem bedeuten sie emotionale Sicherheit durch die Kontinuität der Beziehung, egal ob die Beziehung gut oder weniger gut war. Man kennt den anderen mit allen Stärken und auch Schwächen, vor allem aber kann man sich auf die Stabilität der Beziehung verlassen. Dann sind Angehörige auch eine Brücke zur Vergangenheit. Sie sind für manchen alten Menschen ein lebender Beweis dafür, dass man mal ein anderer war, dass es ein Leben vor der Pflegebedürftigkeit gab. Angehörigen muss man seine Gefühlslage nicht immer erklären, sie verstehen den anderen in vielen Fällen auch ohne Worte.

Wie häufig sollte man denn Vater oder Mutter einen Besuch abstatten?
Hier spielt zum einen die gesundheitliche Situation des Bewohners eine Rolle – wenn er oder sie akut krank ist, sind vielleicht auch mehr Besuche nötig.

Dann ist aber auch die Situation des Angehörigen selbst bedeutsam: Besuche dürfen nicht nur Pflicht und

Last sein; eigenen Bedürfnissen und Möglichkeiten sollte unbedingt Rechnung getragen werden. Der Angehörige muss sich mit der Anzahl der Besuche wirklich auch wohl fühlen.

Gehetzt und gestresst kurz reinschauen ist für beide nicht befriedigend.

Wie kann ich denn so einen Besuch gestalten?
Da gibt es ganz viele Möglichkeiten, wichtig ist aber, dass der Besuch überhaupt gestaltet und auf die Bedürfnisse und Möglichkeiten des alten Menschen abgestimmt wird. Wenn also Gespräche möglich sind, kann man über Aktualitäten sprechen, aber auch das Reden über frühere Zeiten ist für alte Menschen oft ein Genuss. Oder auch zusammen eine Illustrierte, Fotos oder einen Bildband anschauen gibt Gesprächsstoff.

Und was kann man tun, wenn Gespräche nur noch bedingt oder gar nicht mehr möglich sind?
In einer solchen Situation gibt es Alternativen wie einen Spaziergang. Das kann förderlich für die Stimmung sein. Gemeinsam gehen oder auch mit dem Rollstuhl. Ein Besuch im Café hilft, Kontakt zu anderen Menschen aufrechtzuerhalten. Ein gemeinsames Essen ist für viele ein positives Erlebnis. Ein altbekanntes Spiel kann als Zeitvertreib helfen. Aber auch einfach nur Zusammensitzen ohne Aktion und ohne Gespräch wird als angenehm empfunden.

Bei schwerer Pflegebedürftigkeit kann der Besuch auch mit pflegerischen Verrichtungen gefüllt werden, Hilfe und Unterstützung beim Essen oder Zubettgehen oder ähnliches. Das Leben ein bisschen gemeinsam gestalten, sollte das Motto sein.

kurz & bündig

Besuche sind für die Bewohnerinnen und Bewohner wichtig als Abwechslung, Anregung und als Zeichen, dazuzugehören.

Eigene Bedürfnisse bei Rhythmus und Häufigkeit sollte man wahr- und ernstnehmen.

Besuche aktiv gestalten und nicht einfach geschehen lassen. Es geht hier um gemeinsames gelebtes Leben – eine wichtige und bedeutungsvolle Zeit.

Selbstbestimmung im Pflegeheim

Wenn man den Weg in ein Alters- oder Pflegeheim getan hat, ist man in irgendeiner Form auf Hilfe und Unterstützung angewiesen. Aber hat man deshalb auch seine Selbstbestimmung verloren? Heisst das, zu allem Ja und Amen sagen? Oder darf man, soll man sogar seine Kritik und Wünsche anbringen? Viele alte Menschen sind lieber ruhig und nehmen alles hin, statt sich mit der Institution auseinanderzusetzen. Dabei kann es nur dann zu einem guten Miteinander werden.

Warum kann es alten Menschen in einem Heim schwerfallen zu sagen, was sie gern haben oder was sie stört?
Wir Menschen sind sehr unterschiedlich darin begabt, unsere Bedürfnisse und Wünsche auszudrücken. Die einen können sich besser für sich selbst einsetzen und wehren, die anderen können das weniger gut. Noch schwieriger wird es aber, wenn man in einem Abhängigkeitsverhältnis lebt. Dieses ist in in einem Heim der Fall.

Der Heimbewohner zahlt zwar für die Dienstleistung der Pflege und Betreuung, ist aber gleichzeitig auf Unterstützung angewiesen, sonst wäre er ja nicht in einem Alters- oder Pflegeheim. In Situationen der Abhängigkeit entwickelt sich dann schnell einmal die Angst vor Sanktionen. Angst davor, nicht mehr gemocht zu werden, oder Angst, vernachlässigt zu werden. Ehe man sich dem aussetzt, ist man lieber still und erträgt auch das, was einem nicht so gefällt. Aber Selbstbestimmung ist ganz ganz wichtig, und jeder Mensch, egal wie alt und wie abhängig er ist, hat ein Recht darauf.

Halten sich alte Menschen denn mit ihrer Kritik zurück, weil sie sich nicht unbeliebt machen wollen?
Das kann durchaus ein Grund sein. Wenn wir ganz ehrlich sind, ist es uns allen wichtig, geliebt und geschätzt zu werden. Wir möchten Zugehörigkeit spüren und nicht ausgeschlossen sein. Die Gefahr, als Nörgeler oder Querulant dazustehen, wenn man sich beschwert, ist durchaus vorhanden. Und das möchte man nicht. Man will nicht die oder der kritische, unzufriedene Alte sein und schon gar nicht an dem Ort, an dem man die meiste Zeit seines Alltags verbringt. Das erklärt vielleicht einen Teil des Schweigens und Hinnehmens. Auf der anderen Seite darf aber nicht vergessen werden, dass diesem Verhalten eine ge-

wisse Grosszügigkeit zu Grunde liegen kann. In der Pflegesituation gibt es immer Dinge, die sehr gut laufen, die man schätzt. Beziehungen, um die man froh und dankbar ist. Und so lässt man vielleicht auch einfach mal fünf gerade sein, denn jeder weiss, perfekt ist es nirgendwo.

Wie soll man vorgehen, wenn einem etwas missfällt?
Zunächst sollte man sich bewusst machen, was genau einem missfällt. Wer oder was stört mich? Und warum stört es mich? Dann sollte man sich überlegen, wie man es denn anders haben möchte. Das heisst also nicht nur kritisieren, sondern bereits Lösungsvorschläge erarbeiten. Ratsam ist es jeweils auch, das Ganze mit jemand anderem zu besprechen. So kann man prüfen, ob man selbst zu kritisch oder zu kleinlich ist oder ob andere Personen die Situation auch so beurteilen. Wenn man nach all dem zum Schluss kommt, dass es wichtig und richtig ist, die Probleme zu thematisieren, dann sollte man die zuständige Person um ein Gespräch bitten. Wichtig ist, herauszufinden, wer die richtige Person ist. Dieser Person soll man schliesslich die Kritik höflich und wertschätzend anbringen und eigene Vorschläge oder Erwartungen formulieren. Ein solches Gespräch sollte auch Abmachungen beinhalten, die nach einer festgelegten Zeit in einem zweiten Gespräch überprüft werden.

Wer kann einen darin unterstützen?
Das ist abhängig von den Vorlieben des betroffenen Heimbewohners. Für manchen ist es richtig, eine Person des Vertrauens aus dem eigenen Umfeld um Unterstützung zu bitten. Eine andere Möglichkeit ist eine Person des Vertrauens aus der Institution. Vielleicht ein anderer Bewohner oder jemand aus der Pflege? Manchmal kann

es aber auch hilfreich sein, eine unabhängige Person von aussen zu befragen. Das kann ein externer Seelsorger oder jemand von einer Patientenorganisation sein. Und bei ganz generellen Problemen, wie Reklamationen zum Essen, kann man sich auch mal an den Bewohnerrat wenden, sofern es diesen im Heim gibt.

Kann es auch sein, dass die Heime es nicht so gewohnt sind, dass Bewohner oder Angehörige sich beschweren?
Das kann man nicht so generell sagen. Es gibt so viele verschiedene Pflegeinstitutionen mit so unterschiedlichen Qualitäten. Aber die Ansprüche der Bewohner und auch der Angehörigen haben sich in den letzten Jahren verändert. Der Dienstleistungsgedanke ist deutlicher geworden. Man zahlt für die Pflege und Betreuung ein Menge Geld und möchte so auch mitbestimmen können. Je nach Institution kann man dort mit diesen Ansprüchen besser oder noch weniger gut umgehen. Die Institutionen müssen sich auf informierte und kritische Bewohnerinnen und Angehörige einstellen. Das hat zur Folge, dass das Personal vermehrt lernen muss, Lösungen auszuhandeln und nicht zu bestimmen.

kurz & bündig:

Jeder Mensch hat das Recht auf Selbstbestimmung.

Auch im Heim soll man Kritik anbringen und die Möglichkeit zur Mitsprache nutzen – wichtig ist das Wie.

Heime müssen offen sein für die Kritik und den Wunsch nach Selbstbestimmung und möglicherweise auch Strukturen zur Mitsprache schaffen.

Zusammenarbeit im Pflegeheim

Der Schritt, einen Angehörigen ins Pflegeheim zu geben, ist für alle Beteiligten schwierig. Das Leben im Heim verändert auch das Leben zu Hause. Wenn dann das Miteinander im Dreieck Bewohner, Angehörige und Pflegende gut funktioniert, kann dies eine wichtige Erleichterung sein. Aber nicht in allen Fällen läuft es so reibungslos, wie wir es uns alle wünschen. Immer wieder kommt es auch dort zu Missverständnissen und Konflikten.

Wie wichtig ist eine gute Zusammenarbeit in Pflegeinstitutionen?
Zu einer guten Begleitung und Betreuung von alten Menschen im Alters- oder Pflegeheim gehört eine gute Zusammenarbeit mit den Angehörigen unabdingbar dazu. Angehörige und Mitarbeitende haben letztlich dasselbe Ziel – ein möglichst hohes Wohlbefinden und eine gute Lebensqualität für den alten Menschen, und dieses Ziel lässt sich nur gemeinsam erreichen.

Welche Faktoren erschweren das möglicherweise?
Aufseiten der Angehörigen gibt es verschiedene Erwartungen. Sie sind ja keine homogene Gruppe, sondern im Gegenteil sehr verschieden, sowohl im Alter als auch im Verwandtschaftsgrad. Aber auch unterschiedliche Betroffenheit führt zu verschiedenen Erwartungen. Es gibt also unendlich viele verschiedene Konstellationen und Bedingungen – die die Erwartungen an die Mitarbeitenden des Pflegeheims mitbestimmen.

Auf der anderen Seite stehen die Grenzen der Möglichkeiten und Ressourcen der Institution. Vieles wäre wünschenswert, aber nicht alles ist realisierbar. Auch das Pflegepersonal hat unterschiedlichste Vorstellungen über die Ausübung der Tätigkeit und darüber, was nun für den jeweiligen alten Mensch gut ist.

Zu guter Letzt müssen auch die Finanzen als Grund für Schwierigkeiten bedacht werden. Die Erfüllung von Erwartungen ist nicht selten, wenn auch indirekt, an finanzielle Mittel geknüpft.

Was sind aus Ihrer Sicht häufige Konfliktquellen?
Zum einen verfolgen das familiale und das professionelle Versorgungssystem verschiedene Interessen und folgen

einer anderen Logik. Aus der Sicht der Pflegenden ist ein Bewohner nur ein Teil der Arbeit. Je geringer die Ressourcen, desto mehr tritt der Einzelne und schliesslich auch das Individuelle in den Hintergrund. Die Familie hingegen sieht ihren Angehörigen als die wichtigste Person im Pflegeheim, die Wahrnehmung seiner individuellen Bedürfnisse steht für sie im Vordergrund.

Aber auch Unklarheiten in der Aufgabenteilung und in der Verantwortung führen häufig zu Spannungen zwischen Pflegenden und Angehörigen. Damit einhergehend sind mangelnde Informationen ebenfalls Faktoren für Unzufriedenheiten auf Seiten der Angehörigen. Oftmals gibt es auch Unzufriedenheit mit der Qualität und Angemessenheit der Pflege, die in der Folge zu Konflikten führen.

Was macht denn eine gute Zusammenarbeit zwischen Angehörigen und Pflegenden aus?
Eine gute Zusammenarbeit mit Angehörigen ist eine Form der Beziehungsarbeit, die beiden Beziehungspartnern ein gewisses Engagement abverlangt. Die Institution darf nicht reduziert werden auf eine gesellschaftliche Institution, die dem Individuum die Belastung abnimmt. Gleichermassen dürfen Angehörige nicht nur als nützliche Informationspartner für das Heim gesehen werden. Es sollte mit allen zur Verfügung stehenden Ressourcen ein Umfeld geschaffen werden, in dem Beziehungserlebnisse für Angehörige, Bewohner und Mitarbeiter möglich sind. Dazu gehören ein guter Informationsaustausch, die Klärung der Verantwortung und der Erwartungen auf beiden Seiten. Aber auch Integrations- und Entlastungsmöglichkeiten sind wichtige und entscheidende Bestandteile einer konstruktiven Zusammenar-

beit zwischen Angehörigen und Pflegenden. Nur wenn Angehörige und Mitarbeitende eine Partnerschaft pflegen, die beiden Seiten ein gewisses Engagement abverlangt, können wir von einer guten Zusammenarbeit sprechen.

kurz & bündig

Man muss immer daran denken, dass im Pflegeheim viele verschiedene Menschen, ganz unterschiedlichen Alters und mit unterschiedlichen Erwartungen aufeinander stossen – Respekt vor der Situation und den Gefühlen des anderen ist hier besonders wichtig.

Erwartungen und Wünsche sollten von Beginn an offen miteinander geklärt werden. Ein guter gemeinsamer Start erleichtert nachher vieles.

Bei Konflikten muss man frühzeitig das Gespräch suchen und sich bemühen, die andere Seite zu verstehen – sich immer wieder bewusst machen, dass beide, Profis und Angehörige, eigentlich das gleiche Ziel verfolgen – im Zentrum steht das Wohl des alten Menschen.

Gespräch über Tod und Sterben

Die Themen Tod und Sterben gehören unweigerlich zum Alter, und doch sind wir immer wieder geneigt, diese zu umgehen oder auszublenden. Wenn ein alter Elternteil oder Grosseltern davon reden, dass sie sterben wollen, dass der liebe Gott sie jetzt doch endlich zu sich nehmen soll, sind wir oft hilflos, versuchen auszuweichen, weisen auf die ersten Knospen an den Bäumen als Botschafter für den kommenden Frühling hin oder finden den alten Menschen sogar undankbar, wenn er immer nur jammert und vom Sterben redet.

Wir wissen alle, dass wir sterben müssen, warum fällt es uns dennoch so schwer, darüber zu reden, auch dann noch, wenn jemand in einem Alter ist, in dem man dieser Thematik eigentlich nicht mehr ausweichen kann?
Die Endgültigkeit ist ganz sicher ein Grund für das Vermeiden dieses Themas. Der Tod ist unwiderruflich, und damit möchte man sich lieber nicht beschäftigen. Bei erwachsenen Kindern gehen mit dem Tod der Eltern ein bisschen die Wurzeln verloren, und es kommt zum endgültigen Austritt aus der Kinderrolle. Das ist auch bei einigen Menschen, die längst erwachsen sind, mit Verlassenheitsgefühlen verbunden. Das Teilen von Erinnerungen fehlt, und der Sterbende nimmt viel Wissen mit sich. Vielleicht gab es auch schöne und wichtige Rituale, die jetzt verloren gehen. Im Angesicht des Todes oder auch nur beim Gespräch darüber wird einem immer auch die eigene Endlichkeit bewusst. Entscheidend ist aber, dass wir in solchen ernsthaften Gesprächen meist sehr ungeübt sind. Das macht unsicher und lässt uns dieses Thema lieber vermeiden. Wenn man übers Sterben spricht, beschleicht einen schnell das Gefühl, etwas tun zu müssen. Gleichzeitig aber nicht zu wissen, was genau man tun oder auch sagen soll, setzt unter Druck und führt zum Ausweichen.

Was sind denn mögliche Aspekte eines solchen Gesprächs zwischen Kindern und ihren Eltern? Wie könnte es aussehen?
Ganz wichtig ist es, zuzuhören und Achtsamkeit walten zu lassen. Auch Gesprächsansätze vom Betroffenen sollte man aufnehmen. Dazu muss man zwischen die Zeilen hören und dem nicht ausweichen. Genauer nachfragen, was gemeint ist, und dann sanft darauf eingehen. Was

beschäftigt dich? Was möchtest du mit mir besprechen? Was wäre dir denn wichtig? Was macht dir Angst? Das sind Fragen, mit denen man zu den wichtigen Dingen vordringen kann. Statt immer gleich zu antworten, sollte man mehr nachfragen. Auch die eigene Angst ansprechen, eigene Gefühle zulassen und sich nicht selbst stärker darstellen, als man sich eigentlich fühlt.

Was mache ich mit dem gewonnenen Wissen aus diesem Gespräch?
Zuerst muss man einmal prüfen, was sich aus den Erkenntnissen in die Tat umsetzen lässt, und dies dann auch realisieren. Weitere Gespräche sollten sich anschliessen. So können beide nach und nach Sicherheit gewinnen. Dann kann man auch konkretere Dinge miteinander klären wie beispielsweise: Wie soll das Sterben aussehen? Wo möchte der andere nach Möglichkeit sterben? Wo und wie möchte er beerdigt werden? Wer soll dabei sein? Als Gesprächspartner ist es ganz wichtig, zuzulassen, was der andere vorbringt, und ganz genau zu spüren, ob man selbst die Wünsche, die an einen persönlich gerichtet werden, auch erfüllen kann. Vielleicht will man ja gar nicht dabei sein, wenn die eigene Mutter stirbt? Das sollte man zuerst für sich selbst und dann mit der Mutter klären.

Was macht man mit dem Widerspruch, dass die Mutter immer vom Sterben redet und dann, wenn es so weit ist, plötzlich wieder leben will?
Diesen oder ähnliche Widersprüche haben wir doch alle in uns, und deshalb sollte man das erst einmal so hinnehmen und nicht schon bewerten. Das Leben loszulassen ist nicht einfach. Das Sterben ist kein linearer Pro-

zess. Es ist die letzte grosse Krise, und die ist bei vielen Menschen mit sehr ambivalenten Gefühlen verbunden. In einigen Fällen gehören auch Aggressionen dazu.

Aber das Sterben kann natürlich auch als Druckmittel eingesetzt werden, um Kinder an sich zu binden und sie gefügig zu machen. Wenn man als erwachsenes Kind dieses Gefühl hat, sollte man auch das ansprechen.

kurz & bündig

Man sollte Gespräche zum Thema Sterben zulassen und Appelle für solche Gespräche wahrnehmen und immer ernst nehmen.

Wenn der Sterbenswunsch echt ist, muss man die Situation miteinander aushalten.

Angehörige sollten immer auch die eigenen Bedürfnisse rund um das Thema im Auge behalten, denn die letzte Begegnung muss für beide, den Sterbenden, aber auch für den, der zurückbleibt, stimmen.

Im Sterben begleiten und letzte Wünsche erfüllen

Abschiednehmen von einer nahestehenden Person, das Sterben direkt mitzuerleben ist eine besondere, manchmal sehr schwierige Situation und Erfahrung. Hier sind immer der ganze Mensch und auch sein Umfeld gefordert. Und alle, die irgendwie daran beteiligt sind, reagieren auf ihre ganz persönliche Art. Und doch haben wir alle etwas gemeinsam: Hinschauen und darüber reden tun wir nur ungern. Der Tod ist ein Tabu.

Welches sind Belastungen oder Herausforderungen, mit denen sich Angehörige im Angesicht des nahenden Todes konfrontiert sehen?

Es gibt bei allen Unterschieden Belastungen, die immer wieder genannt werden. Dazu gehört zu allererst die Angst vor dem definitiven Verlust einer geliebten Person. Es wird klar, jetzt gibt es kein Zurück mehr, und das schmerzt. Damit verbunden ist nicht selten die Scham, sich anderen zu öffnen und über die eigenen Gefühle zu sprechen.

Auch das Unwissen darüber, wann der Tod eintritt, und das Aushaltenmüssen des Sterbens sind grosse Herausforderungen. Da machen sich schnell einmal Gefühle von Hilflosigkeit und Ohnmacht breit. Beim Anblick des Sterbenden erleben Angehörige häufig die Angst davor, der andere könnte ersticken, verdursten oder Schmerzen erleiden. Aber auch Fragen von Schuld und Wunsch nach Vergebung können am Ende einer Beziehung entstehen. Vielleicht gäbe es noch etwas zu klären, bevor der andere definitiv gehen kann. In dieser Situation kommt vieles zusammen, was dann belastend wird.

Wie kann man denn grundsätzlich diesen Belastungen begegnen?

Es ist wichtig, dass das jeder Mensch individuell auf seine Art tut, aber dennoch gibt es einige Dinge, die trotz allem Schweren hilfreich sein können. Antworten auf Fragen suchen, die einen beschäftigen, kann entlastend wirken. Informationen sind dann manchmal sehr klärend und angstnehmend. Aktiv etwas tun (organisieren, planen, pflegen etc.) erleichtert das Aushalten der Situation. Unterstützend ist in diesem Fall sicher auch das Gespräch mit anderen, sich über die eigenen Gefühle klar zu werden. Und indem man darüber redet, was Angst macht, wo Nöte oder auch Unbeholfenheiten stecken, kann man ihnen besser begegnen.

Was genau kann man denn aktiv tun?
Das Sterben und Abschiednehmen eines Menschen betrifft ja immer mehrere Personen – den, der stirbt, aber auch die vielen anderen, die diesen Menschen gehen lassen müssen, und die alle kann man ins Blickfeld nehmen: Wenn es so weit ist, kann man besprechen und organisieren, wer in der letzten Phase dabei sein und mitwirken will und kann. Dadurch kann Ruhe einkehren. Für den Sterbenden, aber auch für die, die begleiten, sollte eine wohltuende Atmosphäre geschaffen werden. Die sterbende Person kann man so weit wie möglich teilhaben lassen am Alltäglichen, der Sterbende *lebt,* bis der Tod eingetreten ist!

So sollen bisherige Lebensgewohnheiten den Tag bestimmen. Ein liebevolles Umsorgen und Erfragen der Wünsche und Bedürfnisse sollte die Begleitung und den Alltag leiten. Sanfte Massagen helfen zu entspannen und loszulassen. Ruhig und verständnisvoll Gesellschaft leisten – einfach da sein, ohne etwas zu tun. Aber bei alledem sollte man den Sterbenden nicht erdrücken, sondern ihn auch mal allein lassen.

Worauf sollte man im Gespräch achten? An was muss ich denken? Und mit wem soll ich denn reden?
Ganz wichtig ist es, den Gefühlen Raum zu geben und über Tod und Sterben zu reden. Intensive Gefühle wie Angst, Trauer, Wut, Schuld, Verzweiflung, aber auch Nähe und Verbundenheit, vielleicht Liebe sind normal und natürlich, und zwar für beide – für den Sterbenden und

die Zurückbleibenden. Jeder Mensch sollte versuchen, sich einer Person seines Vertrauens zu öffnen.

Man kann sich gegenseitig ermutigen, diese Gefühle zuzulassen, sie miteinander zu teilen. Darüber zu reden unterstützt das Gefühl, damit nicht allein zu sein, und entlastet. Miteinander herausfinden, was damit umzugehen hilft. Auch offene Fragen ansprechen, sehr vorsichtig und sorgfältig, auch gilt es den richtigen Zeitpunkt dafür zu wählen. Eine taktvolle Offenheit kann auch für den Sterbenden erlösend wirken. Genauso sollte man aber respektieren, wenn die betroffene Person nicht reden möchte. Und schliesslich immer auch über Entlastung durch Profis nachdenken.

Wollen wirklich alle Sterbenden, dass jemand am Bett sitzt, wenn sie sterben?
Sicher wünscht sich die Mehrheit der Menschen in einem gesunden Zustand, im Sterben dann einmal begleitet zu werden. Und viele Sterbende werden auch wirklich ruhiger, wenn ein Angehöriger am Bett sitzt. Aber es gibt in der Praxis immer wieder auch die Situation, dass Angehörige sich abwechseln und versuchen, immer für den Sterbenden da zu sein. Und genau in dem Moment, in dem sie einmal auf die Toilette müssen oder sich schnell eine Kaffeepause gönnen, weil sie schon die ganze Nacht durchgewacht haben, tritt der Tod ein. Man könnte fast meinen, der Sterbende hätte darauf gewartet, um dann gehen zu können.

Oft fühlen sich Angehörige dann schuldig und klagen sich selbst an. Das ist neben dem Schmerz der Trauer zusätzlich sehr belastend. Aber diese Art, Abschied zu nehmen, zeigt doch, dass das Sterben so individuell ist wie das Leben auch und dass es falsch wäre, ganz generelle

Aussagen zu treffen. Wichtig ist zu spüren, was in dem Moment für jeden das Bestmögliche ist und allen Beteiligten hilft, den endgültigen Abschied zu erleichtern.

kurz & bündig

Endgültiges Abschiednehmen ist schwierig, kann aber leichterfallen, wenn man sich schon vorher damit auseinandergesetzt hat.

Der Sterbende lebt bis zum Eintritt des Todes – er soll sein Sterben mitgestalten, wo immer möglich.

Man muss auch an sich selbst und die eigenen Gefühle und Grenzen denken – nur wer für sich selbst gut sorgt, kann auch für andere sorgen!

Demenz – eine Herausforderung

Demenz ist eine Erkrankung, die durch die Langlebigkeit in unserer Gesellschaft zunehmend an Bedeutung gewinnt, weil die Anzahl der Betroffenen steigt und damit auch die Frage, wer diese Menschen betreut, immer wichtiger wird. Über 100 000 Menschen leiden in der Schweiz an Alzheimer oder einer anderen Form von Demenz. Bis heute ist eine gute, kompetente und einfühlsame Begleitung der Betroffenen das Wichtigste, was wir ihnen geben können. Wir wissen, dass es bis jetzt mehrheitlich die Familien beziehungsweise die Ehepartner sind, die sich in der Verantwortung fühlen und so die Betreuung übernehmen. Dabei geht oft vergessen, was das für alle Beteiligten bedeutet und welchen Herausforderungen sie gegenüberstehen. In diesem Kapitel sollen unterschiedliche Aspekte dieses Krankheitsbildes beziehungsweise des Umgangs damit genauer beleuchtet werden und Angehörigen Hilfestellung in dieser anspruchsvollen Situation gegeben werden.

Eine Herausforderung für uns alle

Oft führen kleine Vergesslichkeiten wie der verlegte Schlüssel oder das Eintreffen im Keller, ohne dass man noch weiss, was man dort wollte, zu der Angst vor Demenz. «Könnte das der Anfang sein? Bin ich jetzt auch betroffen?» Das Thema begegnet uns im Alltag, in den Medien und vielleicht sogar in unserem Umfeld. Eine echte Herausforderung für uns alle.

Warum löst das Thema oder die Begegnung mit dementen Menschen so oft Unbehagen oder gar Angst aus?
Demente Menschen zeigen durch die Krankheit manchmal ein auffälliges Verhalten, das nicht unserem Umgang unter Erwachsenen entspricht. Das löst Ängste und Abwehr aus, weil wir mit einem möglichen Bild unseres Selbst konfrontiert werden. Das lehnen wir ab und wollen es nach Möglichkeit verdrängen. Sich selbst als geistig desorientierten und abhängigen Mensch vorzustellen, fällt uns extrem schwer. Demente Menschen führen uns vor, dass ein «erfolgreiches Altern» nicht einfach selbstverständlich ist. Weil uns das so verunsichert, führt es in der Folge nicht selten zu einer Ausgrenzung dementer Menschen.

Was können wir dagegen tun?
Wir können uns selbst kritisch hinterfragen und unsere Gefühle und Ängste zulassen. Weiter sollte man einen vorurteilsfreien Kontakt suchen. Sich nicht leiten lassen von irgendwelchen Schreckgeschichten, sondern selbst herausfinden und erleben, wie Begegnungen mit dementen Menschen durchaus sehr lebendig und positiv sein können. Eine zentrale Aufgabe unserer Gesellschaft und damit eine Aufgabe für jeden von uns ist es, Abhängigkeit als mögliches Phänomen des Alterns zu akzeptieren und anzunehmen. Ein selbständiger alter Mensch ist doch nicht mehr wert als jemand, der langsam abhängiger wird.

Was können erste Anzeichen einer beginnenden Demenz sein? Was fällt uns Laien möglicherweise auf?
Auffallend sind gerade zu Beginn die Gedächtnisschwächen. Man kann vielleicht feststellen, dass Aufgaben un-

erledigt bleiben. Plötzlich hat es Mahnungen unbezahlter Rechnungen, oder die Wäsche bleibt tagelang in der Waschküche. Dinge, die jedermann passieren können, hier ist es die Summe des Unerledigten, die langsam hellhörig machen sollte. Menschen mit einer beginnenden Demenz haben oft auch Schwierigkeiten, Situationen zu überschauen, vor allem dann, wenn mehrere Personen aufeinandertreffen, wie beispielsweise bei grösseren Familienfesten. Auch das Fällen von Entscheidungen kann zu Schwierigkeiten führen. Jede Auffälligkeit für sich genommen macht sicher keine Demenz aus. Wenn man aber mehrere Dinge immer wieder bemerkt, sollte man das Ganze genauer beobachten und untersuchen lassen.

Ist eine Diagnosestellung hier wichtig, obwohl die Krankheit nicht heilbar ist?

Ja, eine gute Diagnosestellung ist unbedingt wichtig, auch wenn man die Krankheit nicht heilen kann. Die Demenz betrifft immer eine ganzes Familiensystem – mehr als andere Erkrankungen, und je besser die Familie damit umgehen kann, desto besser ist die Lebensqualität des dementen Menschen und in der Folge auch die der Angehörigen. Es gibt nahezu überall Memorykliniken oder Gedächtnissprechstunden, die einem dabei weiterhelfen.

Was bedeutet die Diagnose für den betroffenen Menschen?

Die Betroffenen erleben gerade zu Beginn zwei Arten der Veränderung: einmal das fortschreitende allmähliche Versagen der geistigen Kräfte. Sie spüren am Anfang der Erkrankung sehr wohl, dass etwas nicht mehr so funktioniert, wie sie es gewohnt waren. Das schmerzt und verunsichert in hohem Masse. Hinzukommt dann die

Veränderung im sozialen Umfeld. Die Muster von Beziehungen und auch die Häufigkeit von Kontakten verändern sich. Manch guter Freund zieht sich mit der Erkrankung vom Betroffenen zurück. Oft spielt hier die grosse Unsicherheit im Umgang eine grosse Rolle. Die Patienten merken das, sind verunsichert und bitten implizit darum, nicht fallengelassen zu werden. Ein langsamer Abschied beginnt, in dem man nicht viel anderes tun kann, als den Menschen zu begleiten.

Wie begegnen wir den Betroffenen am besten?
Es ist ganz wichtig, die ganze Person zu beachten. Dazu gehört zunächst einmal der Körper. Eine gute und ausgewogene Ernährung ist genauso von Bedeutung wie die sorgfältige Verabreichung von Medikamenten und die Behandlung von möglichen Schmerzen. Oftmals können die Betroffenen diese nicht mehr konkret benennen, deswegen ist es wichtig, bei Unruhe oder Aggressivität immer auch nach Schmerzen zu fragen.

Zur Person gehört auch die Beachtung des Geistes. Gespräche fördern den Geist und die Auseinandersetzung mit alltäglichen Themen. Aber auch Gedächtnisübungen oder Spiele können Anregungen geben.

Und schliesslich sollte man sich auch um die Seele kümmern. Ein ausgewogenes Verhältnis zwischen Unabhängigkeit und Sicherheit schenkt dem Demenzkranken einen wichtigen Freiraum. Nicht zu vergessen sind Zuwendung, Liebe und Anerkennung für all die Dinge, die trotz der Erkrankung noch möglich sind. Diese stärken das Selbstwertgefühl und geben Sicherheit in dieser unsicheren Situation.

Körper, Geist und Seele sind also gleichermassen wichtig. Dann sollte man jeden Menschen mit Demenz als einzigartig ansehen. Jeder ist eine Persönlichkeit mit einem für ihn typischen Temperament, mit Fähigkeiten und einer eigenen Biografie, die auch in der Krankheit ihre Bedeutungen haben. Deshalb ist die Berücksichtigung der Biografie ein weiterer wichtiger Aspekt in der Begegnung mit Betroffenen. Die Gesunden sollten den Mensch im Kontext seiner individuellen Lebensgeschichte sehen und Respekt vor dem ganzen Mensch entwickeln.

kurz & bündig

Ablehnung und Verdrängung sind keine sinnvollen Strategien im Umgang mit der Krankheit – Kontakt suchen und aktive Auseinandersetzung sind viel hilfreicher.

Die Diagnose ist schwierig – aber sie erleichtert den Umgang und erhöht damit die Lebensqualität des betroffenen Menschen und seiner Angehörigen.

Auch demente Menschen wollen ernst genommen und geschätzt werden, und das können wir ihnen bieten.

Dementen Menschen begegnen

Demenz ist eine grosse Herausforderung für alle Beteiligten, die Betroffenen selbst, aber auch für das soziale Umfeld, die Angehörigen. Ist die Diagnose einmal gestellt, hat zwar das Zweifeln ein Ende und man gewinnt Klarheit. Aber gleichzeitig tauchen neben der grossen Betroffenheit neue Fragen auf: Man fragt sich, wie man dem dementen Mensch begegnen soll oder kann. «Was mache ich richtig? Was mache ich falsch?»

Gibt es Grundsätzliches in der Begegnung mit dementen Menschen, was man wissen und berücksichtigen sollte?
Zwei Grundsätze sind von grosser Bedeutung: Zum einen ist es ganz wichtig, dass der Mensch mit Demenz sich trotz seiner Krankheit als Person erlebt und als solche anerkannt wird. Zur Person werden wir in Beziehungen zu anderen Menschen. Dazu gehören Anerkennung, Respekt und Vertrauen. Anders ausgedrückt sollte es immer darum gehen, den Selbstwert der betroffenen Menschen zu erhalten. Zum anderen ist die Welt des Menschen mit Demenz seine Realität, seine Wahrheit. Es ist immer unsere Aufgabe als Gesunde, uns in die Welt des dementen Menschen zu begeben und nicht, ihn in unsere Realität zurückzuholen.

Wenn das Gedächtnis deutlich nachlässt und es zu Fehleinschätzungen oder falschen Behauptungen kommt, wie kann man dann reagieren?
Viele Dinge wären hier zu sagen, die drei wichtigsten sind: Erstens sollte man Fehler nicht korrigieren. Dies wäre ein krasser Widerspruch zum Grundsatz, dass sich der Gesunde in die Welt des Kranken begibt. Zweitens gilt es immer wieder Lücken zu überbrücken, wie bei einem Puzzle, das Teil einsetzen, das fehlt. Drittens ist es an uns zu akzeptieren, dass Neues nicht mehr behalten werden kann. Der demente Mensch macht es nicht extra, er kann nicht anders!

Worauf sollte man im Gespräch achten?
Kurze, einfache Sätze und Blickkontakt herstellen unterstützen das Verstehen des dementen Menschen. Auch der Einsatz von Gestik eröffnet manchmal den Zugang zum anderen. Zur Ausführung von Handlungen sollten

einfache Anweisungen gegeben werden und wenig Alternativen angeboten werden. Im Grundsatz aber sollte man in einem fortgeschrittenen Stadium mit fürsorglicher Autorität leiten, das heisst für ihn/sie, aber in seinem/ihrem Sinne entscheiden.

Was macht das Ganze aus Sicht der Angehörigen so schwierig?
Angehörige müssen vielfach mit der Diagnosestellung auch eigene Träume aufgeben. Die Vorstellungen, wie man gemeinsam alt wird oder wie Eltern alt werden, müssen revidiert werden. Alles kommt jetzt anders. In den Beziehungen verändern sich die Rollen. Das Verhältnis von Geben und Nehmen, von Dominanz und Unterwerfung muss neu ausbalanciert und ständig angepasst werden. Dann gilt es, Aufgaben, für die der demente Mensch zuständig war, langsam zu übernehmen, dann, wenn er sie nicht mehr erledigen kann. Es gibt Situationen, in denen durch die Krankheit auffällige Verhaltensweisen entstehen. Angehörige müssen einen angepassten Umgang damit finden.

Was können Hilfen in der Bewältigung sein?
Informationen und Wissen helfen. Wenn man ungefähr abschätzen kann, was auf einen zukommt, wird man weniger von Veränderungen überrascht oder gar überrollt. Auch Entspannung und Aktivitäten zum Ausgleich helfen bei der Bewältigung. Manchmal kann auch eine Distanzierung nötig werden, einmal Abstand nehmen, um wieder neue Kraft zu schöpfen und zu sich selbst zu finden. Auf keinen Fall sollte man sich scheuen, extern Hilfe in Form von psychologischer Beratung und Unterstützung in Anspruch zu nehmen. Die Betreuung von

Menschen mit Demenz ist eine anspruchsvolle Aufgabe, und da ist es mehr als legitim, sich darin unterstützen und begleiten zu lassen.

kurz & bündig

Es ist darauf zu achten, dass der Selbstwert des Kranken erhalten bleibt und sein Personsein als Grundsatz im Umgang gepflegt wird.

Der Gesunde muss sich in die Welt des Kranken begeben.

Demenz ist eine Krankheit, die immer das ganze Familiensystem betrifft, weshalb es die eigenen Belastungen wahrzunehmen, ernst zu nehmen und Unterstützung zu suchen gilt.

Mit Demenzkranken sprechen

Zum Krankheitsbild der Demenz gehört eine Veränderung des Sprachverhaltens bis hin zu einem kompletten Sprachzerfall. Die Verständigung via Sprache wird also immer schwieriger. Wie muss man sich verhalten, damit das Verstehen unterstützt wird? Was sollte man im Gespräch beachten oder auch vermeiden?

Wie sollen Angehörige auf die Sprachprobleme Demenzkranker reagieren?

Vorab zwei Aspekte, die das Gespräch stützen sollten. Zum einen braucht es eine positive Grundhaltung in der Begegnung, und dann ist eine vertrauensvolle und wertfreie Atmosphäre ein entscheidender Beitrag zum Verständnis. Für die Kommunikation im Alltag ist sehr bedeutsam, Demenzkranke nicht zu überfordern, sondern ihre Fähigkeiten richtig einzuschätzen. So kann man sich ihnen im Gespräch anpassen. Auch Kritik darüber, dass ein Mensch mit Demenz immer wieder dasselbe fragt, ist nicht förderlich, sondern kann zu Spannungen bis hin zu aggressivem Verhalten führen, weil sich der Kranke unverstanden fühlt. Die Themen, die der Betroffene anspricht, sollen aufgenommen werden.

Worauf sollte man achten, wenn man verständlich mit Demenzkranken sprechen will?

Auf praktischer Ebene gibt es verschiedene Strategien, die hilfreich und unterstützend sein können: prüfen, ob die Brille und/oder das Hörgerät in Ordnung und eingeschaltet sind. Deutlich und langsam sprechen, so dass der Betroffene Zeit bekommt, um zu verstehen. Das Verwenden von vertrauten und einfachen Wörtern, die gut betont werden, ist ebenfalls eine Hilfestellung. Auch kurze Sätze und Fragen, die mit Ja oder Nein beantwortet werden können, begleitet von Blickkontakt, erhöhen die Wahrscheinlichkeit, verstanden zu werden. Ganz entscheidend ist es, Doppeltätigkeiten zu vermeiden. Miteinander über den Tagesablauf reden während der Morgentoilette kann schnell zur Überforderung führen. Am sinnvollsten ist es, im Hier und Jetzt zu kommunizieren oder aber in der Vergangenheit zu schwelgen.

Wie wichtig sind Berührungen, oder sind sie überhaupt gut?

Ganz sicher sind Berührungen für uns alle und somit auch für Demenzkranke wichtig. Sie sind unser wichtigster nichtsprachlicher Kommunikationskanal. Berührungen vermitteln uns Zuneigung, Sicherheit und Respekt als positive Gefühle für das Gegenüber. Sie können Ängste und Unruhe lindern, aber man muss die Grenzen akzeptieren.

Demente Menschen nehmen sehr wohl den Unterschied zwischen funktionellen (waschen, eincremen) und liebevollen Berührungen wahr. Aber auch sie können entscheiden, ob sie berührt werden möchten oder nicht. Wir haben es nicht mit einer Krankheit zu tun, sondern mit Menschen, die eine bestimmte Krankheit haben. Und wie wir alle haben einige Berührungen gerne, und andere sind darin eher zurückhaltend – darauf muss geachtet und Rücksicht genommen werden.

Was kann man tun, wenn man selbst als Angehöriger im Gespräch negative Gefühle hat?

Es gibt wohl niemanden, der bei der Betreuung eines dementen Menschen nicht auch negative Gefühle entwickelt, diese gehören einfach auch dazu! Wut, Trauer, Ohnmacht, Ekel sind in dieser Situation menschlich und ganz normal. Es wäre falsch, sie zu negieren oder zu verdrängen. Wichtiger ist es, die eigenen Grenzen zu erkennen und Geduld mit sich selbst zu haben. Die Krankheit ist ein Prozess, und auch die pflegenden Angehörigen machen im Umgang und in der Bewältigung einen Prozess durch, das muss man bedenken. Es kann aber helfen, eigene Strategien zu entwickeln, um mit diesen Gefühlen umgehen zu lernen und vor allen Dingen, sie den andern nicht spüren lassen, beispielsweise rausgehen oder bis zehn zählen. Ausserdem gibt es unterdessen viele Hilfs- und Unterstützungsangebote in den Gemeinden oder in Organisationen, die für diese Krankheit spezialisiert sind. Angehörige sollten sich unbedingt schon zu Beginn der Erkrankung darüber informieren und prüfen, welches oder welche Angebote für sie in Frage kommen. Und wenn die Belastung eine Grenze erreicht hat, müssen diese Entlastungsangebote dann auch genutzt werden.

kurz & bündig

Man sollte darauf achten, eine positive Grundhaltung und wertschätzende Atmosphäre zu pflegen.

Weniger ist mehr: Kurz und einfach sprechen erleichtert das Verstehen.

Auch negative Gefühle gehören bei der Begleitung dazu, und es ist wichtig, diese ernst zu nehmen.

Demenz in der Partnerschaft

Der Ehepartner begrüsst den Nachbarn innerhalb von wenigen Minuten mehrmals aufs Herzlichste. Die Ehefrau fragt einen dauernd das Gleiche. Wenn ein Partner, eine Partnerin dement wird, so soll sich der gesunde Teil der Partnerschaft Zeit geben, die Diagnose zu verarbeiten. Man muss lernen, mit der neuen Situation umzugehen. Die Paarbeziehung ist von dieser Krankheit ganz besonders belastet.

Was bedeutet es im Alltag für eine Partnerschaft oder Ehe, wenn ein Teil dement wird?
Mit der Diagnose verlagert sich der grösste Teil der Gestaltung der Beziehung und des Alltags auf die Schultern des gesunden Partners. Das ist eine ganz grundlegende Veränderung. Nicht mehr beide ziehen in der ihnen typischen Weise am Karren, sondern der gesunde Partner muss den grösseren Teil leisten. Natürlich muss und soll der Betroffene je nach Stadium seinen Teil übernehmen, aber das lässt möglicherweise schnell nach. Das heisst, wir haben kein wirkliches, tragfähiges «Wir schaffen das gemeinsam» mehr, wie es vielleicht bei anderen Krankheiten oder Schicksalsschlägen möglich ist.

Wenn ein Partner oder eine Partnerin dement wird und der andere ihn oder sie betreut, verändert sich auch die Beziehung. Was genau passiert da?
Eine wichtige und belastende Veränderung ist die Gleichzeitigkeit von Ehe- und Pflegebeziehung. Gerade zu Beginn der Erkrankung steht sicher die Ehebeziehung im Vordergrund, und doch gibt es auch dort schon Momente, in denen die gesunde Partnerin möglicherweise mehr Betreuerin oder Pflegerin ist – der Wechsel dieser Rollen bei gleichzeitiger Beziehung ist enorm anstrengend und voller Konfliktpotential für das Paar. Hinzu kommt so etwas wie ein uneindeutiger Verlust. Man hat einen Partner oder eine Partnerin, und doch wird man durch die Krankheit ein Stück weit von ihm oder ihr verlassen. Mit den auch vorkommenden Veränderungen im Verhalten gibt es manchmal auch einen Zwiespalt der Gefühle. Man sollte den anderen lieben, dabei ist er bereits ein ganz anderer, als er immer war. Oftmals wird auch dieser grossen Trauer, die mit der Krankheit einhergeht, nicht

genügend Raum gelassen. Angehörige meinen, sie müssten doch damit umgehen können.

Ist es schlimmer, wenn der Partner oder die Partnerin dement wird, als wenn es die eigenen Eltern sind?
Es ist nicht sinnvoll, das eine gegen das andere aufzuwiegen. Jeder empfindet doch seine persönliche Situation ganz individuell. Aber es ist ganz sicher anders, ob nun der Ehemann oder der Vater betroffen ist. Wenn ein Elternteil dement wird, ist man als Kind in der Regel nicht so direkt betroffen wie in einer Partnerschaft. Es ist selbstverständlich auch schmerzhaft, aber es verändert das persönliche Leben längst nicht so grundlegend wie in einer Ehe. In einer Ehe ist die Konsequenz für das eigene Leben, die eigene Zukunft ganz enorm und damit auch auf eine besondere Art belastend.

Was verändert sich denn ganz konkret in der Beziehung?
Das sind sehr viele verschiedene Aspekte. Der Alltag ist verändert – gewisse Arbeiten müssen überwacht oder übernommen werden. Die Betreuung muss sichergestellt werden. Vielleicht kann jemand schon bald nicht mehr allein gelassen werden. Dafür muss es Lösungen geben.

Dann verändert sich auch die Kommunikation – gerade bei Paaren, deren Beziehung auf dem Gespräch aufgebaut war, ist das besonders schwierig. Denn die Kommunikation verändert sich durch abnehmende Kompetenzen des erkrankten Partners – der wirkliche Gesprächspartner fehlt irgendwann. Vielleicht verschwinden auch Vorlieben, und die gemeinsamen Aktivitäten werden weniger. Eine weitere Veränderung kann auch im Bereich der körperlichen Nähe und der Sexualität auftreten. Man findet dort manchmal Unterschiede in den Bedürfnissen der beiden Partner.

Was kann oder sollte man in dieser Situation tun?
Man sollte auf jeden Fall versuchen, sich auf das alles möglichst in Begleitung von Fachleuten vorzubereiten. Dann muss man sich selbst Zeit geben, um all das zu verarbeiten und langsam Schritt für Schritt damit umgehen lernen. Wichtige Meilensteine in diesem Prozess sind die eigene Entlastung und loslassen üben. Ausserdem ist es auf lange Sicht sehr hilfreich zu versuchen, ganz bewusst in eine neue Art von Beziehung einzutreten.

kurz & bündig

Die Paarbeziehung ist von dieser Erkrankung in ganz besonderer Weise belastet.

Der gesunde Partner ist durch die Doppelrolle enorm gefordert.

Sich begleiten lassen, um auf den verschiedenen Ebenen gut reagieren zu können, ist für beide Partner sehr wichtig.

Demenz und Sexualität

Ein Thema, über das im Zusammenhang mit Demenz nur wenig gesprochen wird und das auch tabuisiert wird, ist die Sexualität. Der Mensch ist aber und bleibt ein Leben lang ein sexuelles Wesen. Das heisst, auch Menschen mit Demenz haben eine Sexualität. Dass das für den Demenzkranken, seine Angehörigen und auch die Pflegenden auch mal schwierig werden kann, liegt auf der Hand. Umso wichtiger ist es, sich auch in diesem Bereich Wissen anzueignen, um schwierigen Situationen möglicherweise kompetenter begegnen zu können.

Sexualität ist keine Frage des Alters, darüber ist in den letzten Jahren viel geredet worden. Aber kann ein dementer Mensch ein sexuelles Leben haben?

Wieso sollte ein dementer Mensch keine Sexualität haben? Demenz und Sexualität schliessen sich nicht aus. Oftmals kann im Rahmen der Demenz Sexualität erst wirklich gelebt werden. Gerade Menschen, die sehr gehemmt oder kontrolliert waren, zeigen im Rahmen der Erkrankung manchmal ein anderes, wenn man so sagen darf, freies Sexualverhalten. Ausserdem darf man nicht vergessen, dass Sexualität eine Möglichkeit für Nähe und Austausch ist, wenn die Sprache verloren gegangen ist.

Wieso taucht die Sexualität im Zusammenhang mit Demenz denn so wenig auf?

Das Thema Sexualität ist schon bei relativ jungen alten Menschen ein Tabu. Oftmals wird es auch hier auf den Bereich der Zärtlichkeiten reduziert. Gespräche über Sexualität im Alter sind häufig begleitet mit Attributen wie «noch immer», «nett» oder «lieb» und wird damit nicht selten auch ein wenig verniedlicht. Nun ist Demenz mehrheitlich eine Erkrankung des Alters und fällt so auch unter dieses Tabu. Hinzukommt, dass die Erkrankung immer unter dem Aspekt der vielen kognitiven Verluste betrachtet wird. Dabei geht unter, dass diese Menschen Männer und Frauen sind und bis zu ihrem Tode bleiben.

Lassen sich bei Menschen mit Demenz spezielle Verhaltensweisen beobachten?

Zunächst lassen sich beide Entwicklungen beobachten, es gibt Menschen, die mehr und andere, die weniger Lust entwickeln. In bestimmten Fällen kann es auch zu Enthemmung kommen, die zu sexuellen Handlungen in Gegenwart anderer führen. Bei wieder anderen steht die Suche nach Nähe, Geborgenheit und Zärtlichkeit im Vordergrund. Auch sexuelle, genitale Kontakte zwischen Bewohnern auf Pflegeabteilungen und sexuelle Wünsche an Mitarbeitende können entstehen.

Die letzten Beispiele lassen erahnen, dass in diesem Bereich auch schwierige Situationen entstehen können?
Wir müssen unterscheiden, ob jemand noch zu Hause in einer länger bestehenden Partnerschaft lebt oder bereits in einem Pflegeheim. Im Pflegeheim wird es schwierig, wenn sexuelle Wünsche an das Personal gerichtet werden und auch, wenn es sexuelle Handlungen unter den dementen Bewohnern gibt. Hier sind sowohl Personal als auch Angehörige gefordert. Es benötigt Klärung darüber, wie man damit umgehen will. Dazu muss man immer auch die eigene Einstellung zur Sexualität unter die Lupe nehmen. Dann stellt sich auch die Frage, wen man jetzt vor wem schützen muss und wie dieser Schutz dann aussehen soll. Wessen Bedürfnisse zählen? Die des dementen Menschen oder die der gesunden Angehörigen, gerade dann, wenn sich jemand so ganz anders verhält, als es die Familie bisher kannte? Es hilft nur, offen miteinander alles anzusprechen und das weitere Vorgehen zu planen.

Und bei Ehepaaren?
Aus der Arbeit mit Angehörigen sind verschiedene Problemfelder bekannt. Schwierig ist auch hier die Enthemmung. Auf eine andere Art belastend ist aber auch, wenn der gesunde Partner noch Sexualität möchte, gleichzeitig aber Schuldgefühle hat und meint, sich dem kranken Partner nicht mehr nähern zu dürfen. Zu einer Verunsicherung kann es auch durch ein ungewohntes Verhalten

des Menschen mit Demenz kommen. Dann nämlich, wenn das Verhalten offener, vielleicht weniger kontrolliert ist, als es ein Leben lang war – das verunsichert den gesunden Partner ebenfalls. Eine besonders grosse Herausforderung ist es für den gesunden Partner, zwischen der Rolle als Pfleger und als Liebespartner oder -partnerin hin und her zu wechseln.

Gibt es etwas, was hier hilfreich wäre?
Ganz wichtig ist es, diese Dinge nicht totzuschweigen. Auch das Abwerten der betreffenden Person oder das Beruhigen mit Medikamenten sind ungeeignete Massnahmen. Im Gegenteil, man sollte offen mit einer Vertrauensperson darüber reden, denn Lösungen oder besser Entschärfungen dort, wo es wirklich zum Problem wird, gibt es nur für den Einzelfall. Ausserdem ist die Aufklärung darüber wichtig, dass es das alles gibt und dass das alles normal ist und dazugehören kann. Das Wissen darüber kann bereits eine entlastende Wirkung haben.

kurz & bündig

Menschen mit Demenz sind und bleiben trotz ihrer Krankheit Männer und Frauen.

Sexuelle Bedürfnisse können sich innerhalb der Krankheitsentwicklung in verschiedene Richtungen verändern.

Man sollte ausdrücklich und öffentlich anerkennen, dass trotz beginnender Demenz sowohl beim Betroffenen als auch bei seinem Partner weiterhin sexuelle Gefühle und Bedürfnisse bestehen und nach Möglichkeit auch gelebt werden können.

Perspektiven bei Demenz

Er hat Alzheimer. Sie ist dement. Das sagt man sich heute nicht mehr verschämt und hinter vorgehaltener Hand. Aber Demenz, Alzheimer wird als schlimmes Schicksal angeschaut. Die Diagnose wird auch heute noch wie eine Art psychisches Todesurteil gesehen. Aber das Leben mit Demenz kann auch glückliche und frohe Momente beinhalten. Wir müssen unsere Einstellung ändern.

Welches ist denn die gängige Perspektive auf das Thema Demenz?
Bei Demenz denkt man zuerst einmal an eine neurologische Erkrankung, für die es bis heute keine Heilung gibt. Der Verlust der geistigen Fähigkeiten steht in allen Diskussionen im Vordergrund. Man hört von den grossen Belastungen für die Betroffenen und ihre Angehörigen. Dabei wird die Bedeutung von geistiger Kompetenz überbetont. Autonomie und Unabhängigkeit sind wichtige Werte unserer Gesellschaft, und so wird die Demenz zu einer Bedrohung.

Was sind die Konsequenzen dieser Sichtweise?
Wir führen einen Feldzug gegen Demenz. Es hat sich eine Art kriegerische Sprache entwickelt, und im Zentrum steht der Kampf gegen Alzheimer. Man will diesen Feind besiegen. Die Krankheit sei das schlimmste aller Übel und führe zum Verlust dessen, was den Mensch zum Menschen macht, kann man immer wieder mal lesen.

Wie sähe ein Perspektivenwechsel aus?
Zunächst muss natürlich anerkannt werden, dass die Situation für Betroffene und ihre Angehörigen ganz schwierig ist. Hier soll nichts bagatellisiert werden. Und dennoch kann eine andere Perspektive vielleicht Entlastung schaffen. Die andere Perspektive müsste lauten: Das Herz wird nicht dement. Die Fähigkeit, zu empfinden und zu fühlen, geht durch die Demenz nicht verloren. Menschen mit Demenz bleiben interessante Menschen, und vor allem sie bleiben Menschen! Sicher, sie verändern sich, aber sie haben weiterhin eine Persönlichkeit und sind sehr oft sehr charmant. Wichtig ist es,

darauf hinzuweisen, dass auch ein Leben mit Demenz für Betroffene und ihre Angehörigen lebenswert sein kann.

Was kann man tun, um es möglichst lebenswert zu gestalten?
Als Erstes kann man die noch vorhandenen Ressourcen betonen und nicht immer ausschliesslich auf das schauen, was nicht mehr geht. Dann kann man sinnvolle Kompensationsstrategien suchen. Also vielleicht auch andere machen lassen, was einem selbst nicht mehr möglich ist. Auch die Dinge einfacher gestalten und aktiv bleiben sind wichtige Massnahmen für ein lebenswertes Miteinander. Es ist von grosser Bedeutung, mit anderen Menschen in Kontakt zu bleiben und auf die eigene Gesundheit und das Wohlbefinden zu achten. In bestimmten Fällen kann es auch hilfreich sein, das Zuhause anzupassen. Zu guter Letzt, aber umso wichtiger ist das Suchen nach positiven Stimmungen und Erlebnissen. Spüren, in welchen Situationen es beiden Partnern wohl ist, und diese immer wieder in den Alltag einbauen leistet einen grossen Beitrag zur Lebensqualität. Positive Stimmungen und Erlebnisse gibt es auch mit dementen Menschen.

Und was brauchen die Angehörigen?
Angehörige brauchen ganz sicher eine offene und umfassende Aufklärung über den Krankheitsprozess. Weiterhin sind Informationen über Entlastungsangebote (zum Beispiel ambulante Dienste, Tagesstätten, Selbsthilfegruppen, Pflegeheime) wichtig. Hilfreich und unterstützend ist auch die Vermittlung von allgemeinen Verhaltensstrategien für den täglichen Umgang mit Demenz.

Durch eine Aufklärung über die Veränderung der Familienkonstellation und die daraus folgenden Beziehungsprobleme können Angehörige sich besser auf Bevorstehendes einstellen. Aber auch Sport und Bewegung und soziale Kontakte zu anderen Menschen sind gute Ausgleichsstrategien. Dem Austausch mit Gleichbetroffenen kommt in diesem Zusammenhang auch eine ganz wichtige Bedeutung zu. Angehörige müssen vielfach lernen, dass sie selbst eben auch Bedürfnisse und Rechte haben, die nicht zu kurz kommen dürfen, sonst fehlt ihnen irgendwann die Kraft, den anderen zu betreuen.

kurz & bündig

Demenz ist ein schwieriges Krankheitsbild, und allen, die davon betroffen sind, gelten unser Respekt und unsere Unterstützung.

Auch bei Demenz bleiben positive Momente bestehen und können bewusst gefördert werden.

Angehörige brauchen, um die Aufgabe der Betreuung erfüllen zu können, Entlastung und müssen lernen, auch für sich selbst zu sorgen.

Anlaufstellen

Schweiz

Pro Senectute Schweiz
Lavaterstr. 60
8027 Zürich
Telefon: 044 283 89 89
www.pro-senectute.ch

Universität Zürich, Zentrum für Gerontologie
Psychologische Beratungstelle LiA
Sumatrastr. 30
8006 Zürich
Telefon: 044 635 34 23
www.zfg.uzh.chl

Spitex Verband Schweiz
Zentralsekretariat
Sulgenauweg 38/Postfach 1074
3000 Bern 23
Telefon: 031 381 22 81
www.spitex.ch

Alzheimervereinigung
Rue des Pêcheurs 8 E
1400 Yverdon-les-Bains
Telefon: 024 426 20 00
www.alz.ch

Stiftung für Betagtenhilfe
Rüdigerstrasse 17
8045 Zürich
Telefon: 044 284 20 40
www.seniorenwegweiser.ch

Altersbeauftragte der jeweiligen Gemeinden

Deutschland

Bundesarbeitsgemeinschaft Altern- und
Angehörigenberatung e.V. (BAGA)
Berliner Platz 8
97080 Würzburg
Telefon: 0931 28 43 57
www.baga.de

Caritas Zentrale
Karlstraße 40
79104 Freiburg
Telefon: 0761 200 288
Angebote der Caritas für alte Menschen
www.caritas.de/21193.html

Arbeiter Samariter-Bund
Sülzburgstr. 140
50937 Köln
Telefon: 0221 47605-0
www.asb.de

Deutsche Alzheimer Gesellschaft
Friedrichstr. 236
10969 Berlin
Telefon: 259 37 95-14
www.deutsche-alzheimer.de

Deutsches Rotes Kreuz
Postfach 450 259
12172 Berlin
www.drk.de/angebote/senioren.html

Auf Landeskreisebene finden sie lokale Anlaufstellen

Österreich

Rotes Kreuz
Wiedner Hauptstraße 32
1041 Wien
Überregionaler Kontakt: 01 58900 0
www.roteskreuz.at/pflege-betreuung/

Hilfswerk Österreich
Apollogasse 4/5
1070 Wien
Überregionaler Kontakt: 01 404 42 0
www.hilfswerk.at

Die Autorin

Bettina Ugolini, geboren 1962 in Bochum. Arbeitete als ausgebildete Krankenschwester in verschiedenen Spitälern in Zürich und Luzern. Nach dem Studium der Psychologie an der Universität Konstanz hat sie an der Universität Zürich promoviert. Am Zentrum für Gerontologie der Universität Zürich leitet sie seit 2002 die psychologische Beratungsstelle LiA, Leben im Alter. Im Radio ist Bettina Ugolini einmal monatlich in der Sendung «Ratgeber» auf DRS 1 zu hören.